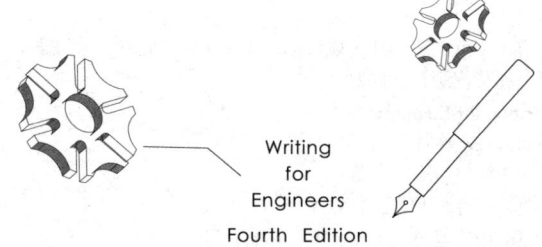

这就是工科写作

(第四版)

[英] 琼·凡·埃姆登 Joan van Emden
　　　露辛达·贝克尔 Lucinda Becker　著　　黄晟昱 译

新华出版社

图书在版编目（CIP）数据

这就是工科写作 /（英）琼·凡·埃姆登，（英）露辛达·贝克尔著；黄晟昱译. — 北京：新华出版社，2021.8
书名原文：Writing for Engineers
ISBN 978-7-5166-5999-1

Ⅰ. ①这… Ⅱ. ①琼… ②露… ③黄…
Ⅲ. ①工程技术-论文-写作 Ⅳ. ①H152.3
中国版本图书馆CIP数据核字（2021）第163642号

著作权合同登记号：01-2021-4129

First published in English under the title
Writing for Engineers
by Joan van Emden and Lucinda Becker, edition: 4
Copyright © Joan van Emden and Lucinda Becker, 2018

This edition has been translated and published under licence from Springer Nature Limited. Springer Nature Limited takes no responsibility and shall not be made liable for the accuracy of the translation.

这就是工科写作

作　　者：[英]琼·凡·埃姆登　露辛达·贝克尔	译　者：黄晟昱
特约策划：巴别塔文化	责任编辑：高映霞
特约编辑：赵昕培	责任校对：刘保利
封面设计：今亮后声 HOPESOUND · 欧阳倩文	

出版发行：新华出版社
地　　址：北京市石景山区京原路8号　　邮　编：100040
网　　址：http://www.xinhuapub.com
经　　销：新华书店、新华出版社天猫旗舰店、京东旗舰店及各大网店
购书热线：010-63077122　　中国新闻书店购书热线：010-63072012

照　　排：胡凤翼
印　　刷：天津光之彩印刷有限公司

成品尺寸：145mm×210mm　32开
印　　张：10.25　　　　　　字　数：237千字
版　　次：2021年9月第一版　印　次：2021年9月第一次印刷
书　　号：ISBN 978-7-5166-5999-1
定　　价：55.00元

版权专有，侵权必究。如有质量问题，请与出版社联系调换：010-63077124

CONTENTS 目录

第四版 序言 / 01
如何使用本书 / 05

第一章 ▶ 导言
读书、讨论与写作 / 003
小 结 / 007

第二章 ▶ 技术写作的类型
电子邮件 / 011
信 函 / 021
技术注释 / 030
检查报告 / 046
技术规范和操作指南 / 047
论 文 / 061
小 结 / 066

第三章 好的写作风格

好的技术写作风格清单　/071

什么是好的写作风格　/072

目标读者与写作目的　/073

数字材料　/085

使用例子　/089

参考文献　/090

具有可读性的风格　/092

具有说服力的风格　/101

小　结　/103

第四章 词汇

词汇选择　/107

英语是具有国际性的语言　/109

美式英语　/110

外来词与外来短语　/111

英语前缀　/112

用词准确　/113

音近词辨析　/115

同义词的选择　/124

近义词辨析　/125

新词的拼写　/131

常见的拼写问题　/133

避免过度简略的语言　/ 137

避免陈词滥调和俚语　/ 139

行　话　/ 140

小　结　/ 144

第五章 ▶ **句子、标点符号与段落**

句　子　/ 147

冗余的单词和短语　/ 187

需谨慎使用的表达　/ 189

消极的写作　/ 196

标点符号　/ 200

段　落　/ 228

列　表　/ 232

小　结　/ 237

第六章 ▶ **书面信息的形象**

书面信息形象良好的重要性　/ 241

事实性内容的检查　/ 242

文本内容的检查　/ 243

前后一致　/ 246

页面布局　/ 249

字体的选择　/ 249

行的长度　/ 250

iii

空格的使用 / 250

标题页 / 251

保持美观 / 252

小　结 / 254

第七章 ▶ **写作、发表与出版**

撰写文章 / 258

会议论文 / 266

撰写评论 / 267

出版筹备 / 267

避免偏见 / 271

出版经纪人 / 272

小　结 / 274

附录1　实例演练的解释说明及参考答案 / 275
附录2　英语中常见词性的定义 / 311

第四版　序言

对于很多技术人员来说，写作并不总是令他们喜爱的业余活动。写作是一项挑战，极具吸引力而且始终存在。写作是一种基本技能，而且它会随着实践和经验的不断累积得以提升。随着工程师在自己的专业领域内更加资深、更加成熟，他们会花费更多的时间坐在电脑前，通过写作将技术信息传达给同事、顾客以及客户。

现代科技虽然使文字写作变得更加轻松，但是对于那些想要简洁明确地呈现有力论据的作者，它并没有什么帮助。针对这方面的写作需求，本书聚焦以下内容：人们熟悉的文件类型，如电子邮件、报告以及技术规范；一些基础的写作技巧，如拼写、标点符号和语法方面的内容；得当的写作风格以及如何有效呈现书面信息。本书旨在帮助工程师、管理者、咨询师、本科生、研究生以及在工作中需要帮助和鼓励的人建立信心，充分利用熟练写作给他们带来的职业机会。

我们正在准备本书的第四版。今天，写作仍然和过去一样重要,即便科技的发展已经对人们的通信方式产生了深刻的影响——自第三版出版以来,电子邮件淘汰了备忘录,超越传真和商业信函这些如今已经相当罕见的技术通信形式,几乎发展成最主要的通信方式。这些变化在本书中也有所体现。

第四版增加了一些新的特色内容。针对行业课程上大家问到的许多问题,我们纳入商业案例和技术说明的写作指导;为回应一些来自高校教职工的请求,我们新增了一部分有关论文的写作指导。我们在这一版中提供了更多的练习,尤其是标点符号的相关练习。无论是在工程技术领域还是在其他领域,标点符号总是让大家很伤脑筋。

与前面几个版本一样,第四版的很多案例也来源于现实。它们或取材于大学的工作实践,或取材于公司的文档记载。我们非常感谢技术写作课上数百位不具名的工程师。他们欣然准许我们使用他们写的文章并对它们加以分析解释。

我们也要感谢 J.B. 格林姆布勒比博士以及马丁·拉姆斯登博士准许我们使用他们的一些文字材料;感谢艾弗·休姆博士以及汤姆·休姆博士在呈现数字材料的问题上给我们提出了一些非常有用的建议和意见。我们要特别感谢 A.J. 普雷特洛夫博士,他一直在全力地支持我们、鼓励我们,在技术性内容上给我们提供了实际的帮助;我们也要特别感谢我们的同事亚历克斯·克尔博士阅读本书并提出建议以及给予支持。

针对第四版,要特别在此说明的是,本书的前三版由我独自撰写,但是在准备第四版的过程中,我需要获得更多直接的帮助。露辛达·贝克尔曾经和我一起写过书，我对她愿意与我合作撰写本书以及我们多年的友谊有着难以言表的感激。

本版任何可能出现的错误都源于我们自己的疏忽。

琼·凡·埃姆登
露辛达·贝克尔
2017 年 3 月

如何使用本书

阅读这本书，你应该不大可能坐下来像读小说一样从头读到尾。更有可能发生的情况是，你需要查阅某一个主题的内容（比如怎样为出版一篇文章做准备）、针对某一类写作难点进行阅读（比如什么时候使用冒号）、弄清某个词义混淆的情况［比如单词"principal"（校长）与单词"principle"（原则）之间有什么区别］，或是想要检查一下自己是否掌握了某个知识点（比如是否能够准确地使用标点符号）。

本书的章节设计可以帮助读者尽可能轻松快捷地找到所需信息。排在最前面的是目录，它包含了每个章节中每个小节的标题，读者可以看到该章节涵盖的所有内容。具体到某个章节，读者会看到各个章节都有一些"实例演练"。如果想查阅标点符号的相关内容，你会在第五章找到一个针对标点符号的"实例演练"。本书的附录会给出与"实例演练"相应的参考答案，通常还会有相应的解释。

本书采用了大量实用的案例，"实例演练"的答案也很实用。比如，正文中的实例演练2.4是一份结构混乱的报告，附录里给出了优化之后的版本。哪怕只是看看这些案例并做一些思考，读者也会发现它们是非常有帮助的。

第一章

▶ 导言

Writing for Engineers

读书使人充实，讨论使人机敏，写作则能使人精确。

——《培根随笔》

读书、讨论与写作

今天,职业工程师(无论是男性或是女性)之间的交流与弗朗西斯·培根(Francis Bacon)在16世纪晚期描述的交流基本上是一致的。读书、讨论与写作是他们工作的大部分内容。通过这些交流活动,一个人的知识面得以拓宽,能力得以提升,反应更加集中;通过这些交流活动,专业工程师的经验以及专业知识得以精准、有效地体现。

本书主要关注的是"读书、讨论与写作"这三部分中的"写作"。不过,其他两部分内容与写作同等重要。工程师们必须清楚所涉领域国内国际的最新资讯,必须紧跟当前的业内实践,研究公司及客户的确切要求。他们必须阅读相关文件,并且随时准备给予反馈——前提是他们的知识"全面"("全面"意味着知识储备足以支持他们做出恰当的决定)。

然而,独自做出所有的决定可能是一种勇敢,但一定是冒险。"讨论"是培根提到的第二个必备技能,它是指工程师与他人会面、与客户交谈、给予指导与演示以及与其他工程师探讨日常工作问题。这些互动交流形成了合作与相互支持。"讨论"还隐含着一种被低估的能力，即仔细倾听。

培根认为，写作使作者"精确"。在把想法转化成文字的时候，工程师必须做出选择。他们需要分析哪些内容是自己要表达的，也需要判断读者情况，还要选择适当的文件格式与写作风格。在为了成为工程师而接受教育和培训的过程中，他们发现在这个领域中要谨慎、精确并有逻辑地思考；在学习成为文件撰写者的过程中，他们必须遵从同样的标准。他们应该精确地交流技术知识，而且在写邮件、做商业案例规划、准备技术规范或报告时，他们也必须做到谨慎、精确、有逻辑。他们一定要时时考虑读者的需求，根据这种需求调整细节的数量，用一种有逻辑的形式呈现技术材料。这样，读者才能很容易地分辨信息，有信心地使用这些材料。

信　心

信心是本书的一个关键词。工程师常常更愿意去身体力行地完成工作，而不是撰写工作内容。面对空白的电脑屏幕，他们必须先做出一些困难的决定：应该采用哪些单词并且以什么样的顺序排列这些单词？需要遵循什么样的惯例？如何才能抓住读者的注意力？文字如何才能有说服力？

本书将在词语的使用、句子结构与篇章组织等方面提供指导，也会关注最重要的几种文件类型。这些文件类型包括以技术规范为代表的传统文件格式，也包括广泛应用的电子邮件及其他文件类型。本书还会探讨写作时应该遵循的惯例。最重要的是，本书旨在帮助需要撰写文件的工程师们建立信心，让他们相信自己能够准确、清晰地传达信息。这样，他们不但能够完成技术工作，还能专业地撰写相关内容。

不过，单凭"精确"这一点不足以抓住读者的注意力并使他们相信作者的观点。人们一般认为，工程师为了使读者印象深刻会递交篇幅非常长的文字。有一个年轻的专业工程师，他提交的月度报告似乎总是被主管无视，于是就以诗歌的形式写了一篇报告。他的主管感到非常意外，把年轻人叫到自己的办公室，把年轻人这种异常的举动数落了一通。最终，当主管停下来问年轻人要不要为自己辩解的时候，年轻人的回答让他更加意外，甚至可以说是让他顿感羞愧——年轻人回答道："这是你第一次费心与我讨论我的报告。"

这一招"出奇制胜"似乎奏效了，但是本书并不推荐这样的做法。如果报告的文字简洁、内容容易消化、格式选择得当，报告就会被阅读。可以肯定的是，如果报告的篇幅冗长、结构凌乱，人们就一定会尽可能地长久忽视它们。读者即使最终还是阅读了这样的报告，那也是不开心的体验。

读者的阅读意愿

我们在此给将来要撰写文件的读者提供一些建议：

- 判断读者情况。

- 了解读者已经知道了哪些内容、需要知道哪些内容。
- 查明读者可能已经掌握了多少技术知识以及在多大程度上参与了当前的项目。
- 掌握全面且准确的信息以备写作。
- 明确地表述自己的目标（即你希望通过当前这份文件获得什么）。
- 尽可能分析读者可能期望的目标。
- 对自己和自己掌握的材料有信心。
- 撰写。

开始写作

最后要说的一点是，你不必从头开始写作。一份文件的第一句话或第一个段落往往是最难写的。你可以选择自己能够驾驭的简单直接的事实性内容，先写这一部分。然后，你可以选择下一个相对容易写的内容，准备好以后继续写作。在这个过程中，你的写作信心会得到提升。等到真正开始写第一部分的时候（在整个写作过程中非常靠后的阶段），你已经积累了一定的实践经验。弗朗西斯·培根在四百多年前写下的话完全正确——"写作使人'精确'，而你的读者将对此心怀感激"。

小　结

- 谨慎、精确和逻辑是思考和写作的必需品。
- 优秀的写作可以使读者产生阅读意愿。
- 开始写作之前要判断读者情况，并明确读者的目标以及自己的目标。
- 你不必从头开始写作。
- 信心会随着写作实践不断提升。

第二章

技术写作的类型

Writing for Engineers

电子邮件

电子邮件（email）是常见的通信方式之一。家庭成员之间、朋友或同事之间、企业与企业之间、企业与客户以及全球消费者之间都使用电子邮件进行联络。电子邮件具有巨大的优势，它可以做到一次性地发送和接收，这对于发送者和接收者都很方便（比打电话要方便得多）。人们可以在电脑上操作，可以把邮件转发给其他人阅读，也可以把邮件打印出来作为纸质文档使用。电子邮件可以迅速"周游"全世界，可长可短，可以添加附件，也可以根据需要发送给个人或团体。不过，电子邮件在法律上被视为书面文件而且可以在法庭上采用，而且不管你是因一时粗心还是时间有限出了错，写好的电子邮件一经发出则无法撤销。记住这些对你非常重要。

风格和语气

经过几个世纪的发展，商业信函的写作已经形成了规则和惯例，而电子邮件的写作几乎不存在什么惯例。最常见的一个问题是，写电子邮件的人容易把电子邮件看作一种谈话。你好像在和邮件收件人聊天一样，用语可能不正式或是有些诙谐，也可能咄咄逼人或是像闲聊家常。电子邮件迅捷的传播速度又加深了人们的这种错觉。屏幕上的文字没有面部表情或者声音语调——它们是书面文字，读者看到的也是书面文字。任何试图再现人们说话习惯的做法都有可能失败或者被对方误解。比如，在邮件中为强调某些内容而大写某些英文字母，读者就可能会觉得你有些咄咄逼人。

在工作环境下，电子邮件还有其他问题。同事之间一封友好的非正式邮件可能会被转发给其他人，甚至被打印出来以书面文件形式流传。于是，本来只是作为非正式信息交换媒介的电子邮件变成了一份正式的书面声明，其他人也都可以看到，而发件人甚至可能不认识这些人。因此，要在工作场合使用电子邮件，邮件用语就必须足够正式，以保证邮件对不同的读者而言都恰当得体。换句话说，俚语、闲话或太过随意的口头语都不宜使用。出于相同的原因，发件人一定要避免使用短信中常用的缩略语（比如把英文单词"you"缩写成单个字母"u"）。写邮件的人一定要时刻意识到，电子邮件未必是一对一的交流。即使作者确实有这样的初衷，但是电子邮件很容易被转发给其他人，邮件的内容会被很多人看到。

尽管如此，相较于商业信函，电子邮件通常没有那么正式。如果牢记上文的提醒，邮件用语不太正式似乎也是可以接受的。类似"don't"或"can't"的缩略词是可以使用的。使用它们在语气上也显得比较友好，不会过于拘谨正式。不过，如果要把一封邮件发送给一群人，即使写邮件的人认识这群人中的某些人，即使某些人在

第二章 技术写作的类型

组织中资历较深，邮件的风格也必须适合所有人阅读。电子邮件可以被一次又一次地转发出去，甚至可以传到作者写邮件时完全没想到的人那里。

发送邮件的过程相当快，而且通常是不可逆转的。如果写邮件的人生气了或心情不好，邮件的语气可能会非常清晰地表现出这种情绪；如果发件人对收件人感到极度愤怒，邮件可能就会用语粗暴、带有攻击性。那么，收件人完全可能以同样的方式、同样快速地做出回应，他们之间的工作关系就可能会因此受到永久的破坏。他们如果见过彼此，或许还会留一些情面或愿意做出些让步；他们如果能采用口授信件的方式，或许就会有人劝他们换种方式表达；他们如果能花点时间离开电脑走到邮局，哪怕是走到收发室，也许都能平静下来。如果没有人与人的直接接触，即时通信可能会让不愉快的场景加速升级。这里我要表达的意思是：假如你着手写邮件时情绪比较激动，那么你可以先去做其他事情，给自己一些时间，理性地考量自己想要表达的话可能会带来什么样的后果，然后不要把这些话说出来。

我们有时难免要写一些比较棘手的邮件，这些邮件的主题容易引起争论，我们也会担心收件方的反应。遇到这种情况，最后填写邮件地址不失为一个好办法。这样一来，邮件在我们准备好（慎重考虑、认真检查过）之前就被发送出去的危险就不会存在。

问候读者

过去，在商业信函中问候收件人的方式有着严格的规范，而现在，电子邮件没有这样的规范。电子邮件应该总是有某种形式的开头和结尾，既没有问候语也没有签名的邮件可能会被视为无礼。不过，当来往邮件变成对谈，作者也可以省略问候语，署名时也可以只署上自己的名字[①]。如果写邮件的人不认识收件人，开头可以用"Dear..."（尊敬的……）不过这种用法有些老派。邮件正文开始之前，单起一行写上收件人的名字作为开头也是可以接受的。在英国工程师之间，单独使用名字可以说是非常普遍的做法。不过，如果你是在问候另一机构的资深人士，要使用"Mr."（先生）或"Ms."（女士）并加上对方的姓氏。如果你对收件人很熟悉，可以先说"早上好"或"你好"，然后写对方的名字；先说"Hi"（嗨）并非不常见，但是我们要提防上文讨论过的问题——如果邮件被转发，这样的用语看上去太过随意。这里还需要重点提醒一下：我们刚刚说的是"在英国工程师之间"。在不同的文化里，这种使用对方名字的非正式做法可能会令对方无法接受。即使邮件是用英语写的，只称呼一个法国或德国工程师的名字也可能是不合适的，除非收件人是发件人的朋友。

很多邮件以"Regards"（祝好）结尾。这样的表达令人感到舒

[①] 在本章讨论邮件问候、署名的段落中，如无特别的说明，"名字"指的都是西方人名的第一个字。——译者注（如无特殊说明，本书注释均为译者注。）

第二章 技术写作的类型

服,既不会特别正式也不会特别不正式。合适的情况下,你可以使用"Best wishes"(致以美好的祝福)或"Thank you"(谢谢您)。出于礼貌,结束语后面要加上发件人的全名(现在常常只加上作者的名字而不加姓氏)。不过,现在的邮件常常要在末尾附上作者的全名及联系信息(比如手机号码),这些内容也总是应该让收件人知晓。

电子邮件的内容

电子邮件涵盖的技术性内容根据实际需要或多或少。邮件可以只包含一些图表,也可以包含一份完整的报告。因此,电子邮件的灵活度很高。但是,邮件的文本可能在传播的过程中丢失格式。明智的做法是不把带格式的材料放在邮件正文里,而是以 pdf 格式作为附件发送,而且附上简明的附件说明。如果该邮件有被广泛传播的可能,附件可能要比邮件正文更加正式。如果邮件篇幅比较长或附件数量较多,开头附上一份简要的内容列表是值得的。内容列表可以提醒读者注意邮件所含的所有内容。

电子邮件变成对话之后,它的篇幅可能会变得很长。每一个收件人都可能向原始邮件添加信息或评论,而添加的信息不一定在整篇邮件的尾部,有时也可能在邮件中间的某个位置。这可能让人难以理解内容,甚至惹怒相关的收件人。而且,收件人因为不能从屏幕上明显地看出后面还有内容,可能会漏掉邮件末尾的信息。因此,在某些时候,你要把你来我往的整封邮件拆分成新的邮件,大胆地重新开始。

　　一些机构会安装复杂的电子通信安全系统，使用编码、密码和其他手段来保证机密文件只有目标读者才能看到。即便如此，电子邮件也可能被人篡改，邮件被人无意间（或恰恰相反）转发给第三方的情况也经常发生。每一个撰写此类文件的工程师在运用这种媒介传送机密文件时都要非常谨慎。

　　这一警告也同样适用于牵涉第三方的电子邮件。有礼貌的做法是，给那些名字出现在邮件里的所有人抄送一份邮件。哪怕不做这一步，发件人也应该想到，邮件里提到的某人或某些人将来总是会收到这封邮件的。到时候他们会有什么反应呢？回复邮件的时候，不考虑后果地使用"回复所有人"功能是不明智的。如果这样回复邮件，多少人会收到一封自己被意外——或以一种不友好、不礼貌的方式——提及的邮件？

　　还有一个问题是，很多管理人员每个工作日都会收到几十封甚至几百封邮件。他们对此感到十分恼火，经常抱怨自己的时间都花在读邮件上，而工作反倒耽搁了。如果有些邮件是"回复所有人"的并且与他们的工作不相关，他们的怒火将会加倍。这将带来一个不幸的后果，那就是，他们以后也许就不愿意阅读这个发件人发过来的电子邮件了。

检查电子邮件

　　人们很容易忘记检查邮件。工程师们以及其他人都不会希望自

第二章 技术写作的类型

己没有仔细检查材料和文字就发送报告或商业信函,但是有时候不浏览邮件就发送的情况也会出现。无论是邮件还是传统通信手段,文中的错误都会向读者传达错误的信息,并且降低作者的可信度。如果邮件的篇幅很长或内容很复杂,你可以把它打印出来,在打印出来的纸质文件上检查邮件,而不只是在屏幕上检查。语法、标点符号以及拼写错误产生的影响在邮件接收终端上和打印出来的纸质文件上是一样的,而后者可能是邮件文本最终的归宿。

还有一个层面上的内容要注意,那就是确保收件人正确无误。如果要发送一封邮件至一个群组,发件人必须进行检查以确保组里的每一个人——有接收该邮件的资格或邮件内容与之相关的人——都收到这封邮件。大家都知道,一封抱怨同事的邮件是会被传送给这个同事的,因为之前的发送名单上有他/她的名字。

冗长的来往邮件中堆砌的信息会越来越多,篇幅会越来越长,最初的材料却可能被大家遗忘。第三方如果意外收到这份邮件,他们可能会认为邮件里不完整的信息是全部的沟通内容,因为他们在屏幕上看到的邮件已经署名,看上去像是沟通完成的结果。

不幸的是,目前没有什么方法可以保证收件人阅读电子邮件。人们常常抱怨说,发出去的邮件好像消失在宇宙中,似乎永远不会抵达对方的邮箱。或许邮件的确传送到了对方的邮箱,只是被收件人忽略了。

这就是工科写作

实例演练 2.1　电子邮件

　　下面是一位导师写给工程学学生"项目经理"的指导性文字，文字是以邮件附件的形式发送到学生群的。本段文字材料包含了一些重要的信息，但是这些重要信息不易阅读，也不易被读者采纳。重新组织这封邮件的语言，写作风格要前后一致、恰当得体。

　　主题：第一年度项目：安全

　　我需要了解你们的项目都有哪些风险，记得如果你们把仪器从监管区域拿走，有必要做专门的预警。请告诉我你们打算分几步处理它们。小心提防：电击以及绝缘与保护，火灾风险以及你们打算把灭火器和其他消防设备放在什么地方；如果有关增压部件或其他高压部件，它们必须被保护以防范；移动部件必须受到监督，比如旋转轴、齿轮、传送带、滑轮组等；你可能因摔倒或绊倒而受伤，尤其是尖锐的突起或物品掉落。第一次使用有风险的设备，你们的项目负责人必须到现场；如果风险度非常高，每一次。如果关于安全还有什么问题，我会帮助大家。导师：简·爱德华

实例演练 2.2　有待改善的电子邮件

　　案例1：虽然下面这封邮件不是很糟糕，但是重新组织一下

第二章 技术写作的类型

语言会更好。

你好,萨米亚

我认为昨天的会议进展非常顺利,你和你的两位同事能出席此次会议,我感到非常高兴。我和每个为会议付出的人都因大家对项目进展的评论和更深度合作的承诺而受到极大的鼓舞。请告诉我你的感受,我们商量一下下次聚会的日期吧。我觉得我们应该在接下来几周内再一次会面。顺便提一下,你之前说你还保留着上一次实验的数据——请发送给我,非常期待看到这些数据。

一切顺利!

路易斯

案例2:找出下面这封邮件中的多处问题并对应做出修改。

致全体员工
主题:关于讨论的更新

过去几个月,我们一直在跟所有员工以及工会代表开会讨论灵活工作时长的问题。这个问题一直都比较有挑战性,很多人有强硬的观点,这是可以理解的,我们也一直像往常一样随时准备好倾听大家的观点。你们可能知道也可能不知道,这个问题之所

这就是工科写作

以最近引起我们的注意,是因为我们一些核心员工的退休。当然,失去他们我们非常难过,因为这么多年来,他们一直忠实地为我们的公司服务。大家都会意识到,我们在留住员工这方面有着良好的记录,可能在这个区域是最好的。但是,考虑到我们现在面对的挑战,国家现在不稳定的财政状况,我们必须严肃地考虑削减灵活工作时长。因此,我们必须通知大家,鉴于我们与工会代表达成的一致结果,我们应在未来两个月的时间内终止灵活工作时长。关于大家的个人时长,会在适当的时候与你们讨论。

菲利普·班克斯
总经理

确保收件人阅读邮件的自测清单

- 判断以写邮件的形式进行交流是否合适。有时候,走到隔壁办公室与对方面对面交流更有效!
- 该邮件是否包含对收件人有用的信息?
- 请收件人点击"已读回执"等提示信息表明收到了邮件。
- 邮件标题应清楚地表明该邮件的目的:模糊的用词暗示着该信息并不重要,比如"更新"或"下一次会议"。
- 考虑全局:了解邮件信息的来龙去脉,确保该邮件里的文字内容与读者有关。
- 不要再往一封已经很长的邮件里添加内容了,重新写一封

第二章 技术写作的类型

邮件。
- 如果邮件的用意是要问对方一个问题或是要求对方提供信息，那么就在邮件开头把问题或要求提出来，这样要求对方做什么就立即很清晰了。
- 避免在邮件里喋喋不休，邮件撰写应紧扣主题。

信　函

虽然通信手段有了技术上的进步，在某些情况下，我们还是需要信函（letter）的。公司与员工个体间的交流会使用信函，比如工作任命通知、升职令、工作环境变动通知或正式的纪律处分通知。工程师可能需要向公众或有影响力的团体写信，比如征求许可。总的来说，虽然电子邮件已经成为日常书面交流手段，但是特别的法律诉求还是需要信函来呈现。法律信函是现下少有的几种仍然使用传真作为传输手段的文件类型之一。除了法律信函，高度复杂的技术图表可能也需要使用传真。

准备写作这类信函的时候，作者需要集合所有有用的信息（技术数据、关于该主题的历史沟通记录以及必须放进来的最新的或修订过的细节内容），并研究过去从这家机构（即当前致函机构）收到的所有关于该主题的信函。这样做是非常有帮助的，不仅能确保在回函中覆盖所有相关的话题，也可以检查回函的语气是否合适。如果收件方使用了正式的写作风格，名字的写法也正式，一般来说，明智的做法是我方也使用正式的风格和名字，反之亦然。如果对方署名的时候落款为"艾利克斯"，我方问候时以"尊敬的特维格先生"开头，这可能就意味着分歧，甚至可能是敌意。不过，因为现在大部分信函都是关于法律问题的，所以正式的风格更为常见。

称　呼

名字的使用是一件棘手的事情。以往，商业信函自然地用"Dear Sir/Dear Sirs"［尊敬的先生（们）］问候收件人。虽然这种称呼目前还不算罕见，不过，现在人们更为广泛使用的是姓氏，也较常使用名字（比如"尊敬的特维格先生/艾利克斯"），甚至那些还没有见过面或没有过任何联系的人之间也可以这样用。尽管你可以不像以前那样标准地使用"尊敬的先生（们）"，但还是需要谨慎一点。也许你熟悉这位"艾利克斯"，但他可能不在办公室，处理信件的可能是叫作"苏"的同事，而你并不认识这位同事。更糟糕的情况是，艾利克斯可能没有付账单（毫无疑问是出于疏忽）。那么，如果你想写一封语气强硬的信件警告他你可能会提出法律诉讼，但信函的开头像平常一样用"尊敬的艾利克斯"，信函就很难达到你想要的效果。我们需要考虑得周到一些。之前的通信记录非常有用，它们指导我们采用合适的称呼。当然，公司的规定可能是首要因素。

工程师可能是男性也可能是女性。这个看似明显的事实有时却

第二章 技术写作的类型

被信函作者忽视了,太多的信函仍然以"尊敬的先生"开头。其实稍做调查就能发现,所谓的"先生"其实是女性。人们常常不确定称呼女性的正确格式是什么,情况也确实一直在变化,一些使用规则也不是完全清楚。"Dear Madam"(尊敬的女士)和"Dear Sir"一样,都是恰当的称呼,只不过这样的称呼太过正式,可能令人奇怪。现在的标准用法是在"尊敬的"后面加上"Mr."(某某先生)和"Ms."(某某小姐)。签名落款要使用全名,不用首字母缩写或姓氏,这样至少可以防止女性收到类似"尊敬的特维格先生"的回复。话说回来,值得注意的是,越来越多的女性为体现专业性而使用她们的婚前姓①,这又加深了局面的混乱程度。因此,你要查清楚信函接收方的名字或首字母缩写,还有其职位名称。这是值得费心去做的事情。

风 格

大多数组织机构都有自己的信函模板,显然,我们应该使用这些模板。信函用语应尽可能简练、无歧义、有礼貌。如果是回函,以"感谢您7月6日来函"开篇是妥善的做法。这句话比"我已收到您7月6日的来函"(不然你现在怎么能回复对方呢?)和"我方正在对您的信函做回复"(显然你正在回复)这两种表达要好得多,也比"关于您7月6日的来函"更符合文法(后者根本就不是

---

① 指英文名。

一个句子）。我推荐，开篇语的第一个单词避免使用"I"（我）。用"I"开篇听上去会有些自大。只要可能，用"you"（您）开头而不是"I"。例如：

> I know that you are anxious that the completion date is as early as possible...
> 我知道您非常希望完工日期越早越好……

这句话这样写更好：

> You are naturally anxious that...
> 您非常希望……这是可以理解的。

对于"I"（我）、"we"（我们）或者像"It is agreed that..."（人们一致认为……）这样的非人称形式，不同的公司有不同的格式。当然，我们应该遵守这样的格式。值得注意的是，如果有选择，"we"（我们，也就是说作者代表组织）要比非人称形式更有效，这个词更言简意赅，听上去更有合作精神。"We agree that..."（我们认为……）这句话带给读者一种对个人的关切感，这是"It is agreed that..."（人们一致认为……）所缺失的。"I"可能被允许使用，但这个词应该用在作者本人参与的事情上——如果作者的意思是"我会出席该机构的下一次会议，届时将能够与贵方就本问题进行探讨"，在这里使用"我们"是愚蠢的。

第二章 技术写作的类型

信函的最后一个部分——礼节性用语——最让作者犹豫不决。礼节性用语必须是一个符合语法规则的句子，这就在可使用的用语中排除了"Looking forward to receiving your comments"（期待您的点评）或糟糕的"Thanking you in anticipation"（谢谢您的参与）。这两句话没有一句是带有主动词的。信函的性质决定了什么用语才是合适的，但"Thank you for your help"（谢谢您的帮助）、"I look forward to meeting you"（我期盼着与您相见）或者"If I can be of further assistance, please contact me"（如果我还可以帮上忙，请联系我）都是可以接受的表达。

令人奇怪的是，信函作者常常不愿意直接称呼自己为"me"（我）。避免使用"me"使信函显得自大。"the undersigned"（签字人）、"the present writer"（笔者）或者"myself"（本人）都会使作者与读者产生距离。如果作者的意思是"please contact me"（请联系我），那么就应该这样写。

最重要的是，信函应该是对对方有帮助的。信函是作者所属公司的大使，如果信函过分正式、内容上模棱两可、用语啰唆或是令人感到害怕，读者的阅读意愿就会达到下限。作者应该意识到，他需要给读者清晰的信息、提供便利、表示关切或是表达歉意（如有必要），也要检查信函呈现的是不是它本来要表达的内容。

商业案例

商业案例（business case）为新项目、新产品或新发展规划的相关决策提供依据。通过比较各种可选方案、分析推荐方案的成本与收益以及考量该商业项目在所属机构整体战略中的位置，商业案例回答了新项目（新产品、新发展规划等）在开支、财务等方面是否合理可行的问题。

显然，这种文件集合了很多内容，撰写这类文件需要花一定的时间。商业案例可能成为高层管理人员做出决策的依据，它可能会潜在地影响该组织——至少某些部门——的未来。由于商业案例需要作者投入大量时间、调动大量技能，接到撰写任务的工程师在实际撰写前应确认有撰写该文件的需要。

因此，撰写商业案例的第一步应是再次考察背景情况，确保大家理解相应的背景，确认当前对新发展规划的需求是强烈的。你要考虑项目所需的投入（比如在财务上的投入以及人员投入），以及需要设定什么样的时间节点。

商业计划需要收集材料，前期调研是有必要的。相应的数据从哪里来呢？作者是否需要与一些外部主体建立联络关系以了解情况（比如了解技术员工是否随时可以参与项目）？是否需要地方权威机构的介入（比如申请规划许可）？

从另一个角度来考量这些因素也会有所帮助。如果有可能，负责商业案例的工程师应谨慎选择一些合适的同事，与他们探讨这些因素可能造成的影响，更重要的是评估项目接下来会得到哪些有利于最终决策的支持。

只要大家一致认为需要一份完整的商业计划，撰写工作就可以继续推进了。早期阶段要对文件的整体结构进行规划。这对撰写很

第二章 技术写作的类型

有帮助,可以保证每章节的内容都获得相应的关注,帮助章节之间达到适合当前议题的整体平衡。

下文对商业案例可能需要包括的各个章节内容进行了说明。很多机构有内部认可的模板,在机构内部的我们撰写商业案例时必须使用这些模板。在商业案例中,不同的章节内容有不同的标题名称,比如,对其他可能性的分析可能叫作**可选方案**(Options)或者**商业判断**(Justification)。我们接下来讨论的是商业案例的基础模板。

完整商业案例的第一部分是**执行摘要**(Executive Summary),即简明扼要地对整份文件进行综述。执行摘要的内容包括当前形势、目前对改变的需求以及新项目所需资源,还会适当提及成本效益分析、总结分析及推荐方案。执行摘要是商业案例最终书面版本的开篇,是最有影响力的一部分。高层管理人员可能在看完执行摘要之后就不再读后面的内容了,因此他们所做的决定可能只是基于这一部分。出于这样的原因,尽管执行摘要放在开篇,作者也必须在整个撰写过程的最后写,因为那个时候作者能确保考虑到所有应考虑的因素。

紧跟在执行摘要后面的章节是**当前形势**(Current Situation,包括问题与难题等)。这一部分内容应对当前形势做出分析,项目的实施势必会对当前形势造成一些影响(比如在当前形势基础上有所发展和提升、对已出现的问题做出修正或解决积累的问题等)。由于财务因素、员工水平、研究机会等方面的实际情况,对该项目的需求可能已经是显而易见的。无论对新项目的需求源自何处,作者

这就是工科写作

都必须以一种平衡的、非人称的形式呈现当前对新项目的需求。因此，读者可以在读到后文的可选解决方案之前尽可能地了解背景情况。当前形势这一部分也可以阐述持续现状可能产生的后果。

接下来是可选方案部分。作者要给出充分的细节，以帮助读者理解这些可选方案，并且认识这些方案为什么会被采纳或驳回。作者要对每个可选方案进行客观的探讨，分析其优势和劣势。重要的是，读者要能看到作者已经严肃认真、不带偏见地评估了这些方案。一般来说，可选方案中要有一个选项是什么也不做，这个选项是必须要有的。

可选方案中的某一个很可能是作者建议采纳的，作者必须清楚地罗列选择这个方案的原因，并附上充分的支持性数据以说服读者。当高级管理人员看到呈现在面前的商业案例对各种方案做了详尽的探讨，文件中的推荐方案也经过了认真的分析，他们会感到非常安心。

风险、财务等内容可以单独作为一个章节来陈述。作者应该开诚布公地去探讨这些议题，并评估如何避免这些风险或减轻其影响。

接下来是对所选解决方案的**成本收益分析**（Cost-Benefit Analyst）。（如果这部分信息很多，那么将成本和效益分开撰写比较好。）这一部分应该尽可能完整地呈现收益，给出充分的理由，补充一些相似项目/案例研究的数据。展示成本细节时，作者最好使用统计图表和曲线图。这些图表要么放在这部分内容的正文中，要么放在附录里。

第二章 技术写作的类型

在一份篇幅较长的商业案例中,我们可以把**资源需求**(Resource Requirements)和**项目工期**(Timescale)的内容分置在不同的章节。资源需求可以是内部需求,比如人员需求;也可以是外部需求,比如咨询或租用设备(或两者皆有)。作者要考虑到初期投资和运营成本这两点。作者还应尽可能地评估项目的工期,分阶段(如果可行)以及整体性地评估,也应列出项目可以接受进度审查的一些重要时间节点。

现在可以做**总结**(Conclusions)或**评估**(Evaluation)了。作者有机会在这一部分强调选择某种方案的主要考虑因素,强调成本收益分析所展示的该方案的优势,强调这个推荐方案为什么值得投入以及为什么它与该组织机构的整体战略完美相符。

上面的所有内容自然而然地把读者引向**推荐方案**(Recommendation),这是作者的最后机会。作者应利用这一部分向读者说明这个选择是如何做出的,以及为何这个方案长远来说是有优势的。

完成上述所有内容之后,作者就可以写执行摘要了。作者要清晰、有逻辑、有效地进行阐述。

实例演练 2.3 撰写商业案例

从下述场景中选择一个,设想你正在为自己所在的机构撰写商业案例。针对不同的场景,你会在商业案例中放入哪些信息?请概述一下。

> （a）你在某处见过一种设备投入使用，觉得这款设备虽然价格比较贵，但是对你所在的机构有很大的价值。为购买这款设备，你会在商业案例中放入什么信息？
>
> （b）你觉得自己的工作量比去年增加了很多，希望有一个助理，该助理可以兼职的形式工作。为了阐述自己的观点，你会在商业案例中放入什么信息？

最后一个步骤当然是检查。作者应亲自检查，另外至少还要有一个人检查文件。这个人最好不要与文件的撰写有着紧密的联系——引入新的视角有助于发现（特别清楚应该写什么的）作者反复检查多遍却没有发现的那些错误。

完整的商业案例应该具有作者署名和撰写日期，可能还要列出文件分发清单、修订历史以及发生任何重要改动的日期。

技术注释

技术注释（technical note）篇幅较短，通常针对特定的读者传递新的信息（比如研究成果）。技术注释可能会发表在技术期刊上，也可能在作者与读者所属的机构内部发表。无论是哪种情况，技术注释通常都要严格遵循一定的格式。因此，我们不在此提供建议采用的格式，而主要讨论技术注释特有的一些内容。

技术注释提供的是某项研发、技术或程序的具体细节，它的篇

第二章 技术写作的类型

幅可能没有一份格式完整的技术文章那么长。不过，技术注释包含一些相关的图表和参考文献，而图表和参考文献的数量会在撰写指南中有相关规定。

技术注释的第一部分是**摘要**（Abstract）。摘要有着极高的价值，因为对于潜在的读者来说，它界定了最重要的信息内容。也可能正因如此，相较于技术注释的正文，读者更多地会去阅读摘要。摘要应该包括背景介绍。作者应该简要地陈述背景情况，但也要提供丰富的细节，把背景情况清晰地展示给读者。摘要还要包括这些内容：具有重大意义的调查结果、总结以及推荐方案。显然，一段好的摘要是非常重要的，但是却很难写。我建议大家在撰写过程中牢记这一点：截止日期临近时才在很短的时间内撰写摘要是非常不明智的做法。

在摘要部分附上几个关键词，这些词应界定出该技术注释覆盖的主题。要谨慎选择这些关键词，避免诸如"发展""增长"的概括性词语。

摘要的后面是**简介**（Introduction），这一部分交代撰写该注释的背景情况。接着是正文，这一部分引导读者阅读技术信息本身。然后是总结（如果合适，总结应包括对于可选方案的探讨）。最后是推荐方案（如果有推荐方案）。技术注释的格式和风格与报告的格式和风格相似。

技术注释向读者介绍直接利益和关注点，这种形式的文件对读者非常有帮助。技术注释可能会在后续的工作中扩展成文章或报告，所以，技术注释对将来建立一定的读者群也有帮助。

报 告

和信函一样，报告（report）也是面向读者而撰写的文件。报告作者若忽视这一明显的事实，就要自己承担相应的风险。大部分报告的内容针对一个给定的主题，比如某个项目、某项事故或设备测试、某次拜访等。很多报告同时也是请求——为了销售某个产品或概念，报告作者希望争取更多的时间、资金或合作。报告要使用正式的语言，采用有逻辑的报告格式。这两点必须为读者服务，读者是最重要的人。从作者的角度看，得体的语言和逻辑清晰的报告也会帮助作者获得读者"正确的"回应。

目 标

开始撰写的时候，作者必须清晰界定报告的读者和目标。作者可能已经了解到该报告有一个或多个确定的读者，也可能给该报告预设了广泛的读者群。但是，作者要尽可能确定这些人都是谁、这些人的技术知识水平如何以及他们需要该报告的原因。了解这些背景可以帮助作者选择正确的用语。也就是说，作者应使用难度适中的技术术语，给出相应的解释，根据需要备份文档。与信函一样，报告经常使用一些浮夸的词语，比如使用"initiate"（创始）而不用"start"（开始）；报告还会有一些不精确的表达，比如"in due course"（在适当的时候）、"regularly"（定期地）。所有的技术写作都应该使用正式的语言。作者要保证文字读起来流畅、具有可读

第二章 技术写作的类型

性,以及尽可能做到精准。技术性语言应该首先针对读者,然后针对报告主题来选择。

报告作者应在心中明确界定撰写该报告的目的,也就是报告的各个目标。作者写一篇报告有自己的原因,有的原因是即时性的(比如"我想要让他们做决定"),有些原因是长期性的(比如"即使这次他们驳回了我的建议,我仍希望将来能够与他们在一些项目上合作")。报告的读者也会有自己的目标,而且,他们的目标可能是短期性的(比如"我需要一些建议帮助我做正确的决定"),也可能是长期性的(比如"我们想知道是否可以邀请这个作者与我们合作下个项目")。

对目标进行界定可以让作者检查确认报告中给出的所有信息是否都与主题相关,是否清晰利落地描述了当前形势以及应该采取什么行动。弄清楚这些内容可以帮助报告作者写出言简意赅的报告。读者通常都比较忙,他们更喜欢阅读篇幅较短的文件。工程师们——并不只有他们——常有长篇大论的倾向,他们常常把相同的信息重复很多遍,要么加入一些无关紧要的细节,要么偏离主题。

结　构

虽然有些报告要从头到尾地按顺序读下去,但是,更多情况下,读者会挑选出那些对他们有帮助的、特别感兴趣或迫切需要的内容阅读。整篇报告,从内容列表开始,其结构都必须是清晰明确的,作者也可以参照常规格式的报告。关于工艺流程的报告可以按照下列标准格式来撰写：

标题页

目录

综述（内容包括简明扼要的结论和推荐方案）

简介（内容包括调查的原因以及项目实施的各项制约因素）

程序（调查如何开展）

研究结果（调查中发现的一些实际情况）

相关探讨（该工艺流程可能产生的影响）

总结（该工艺流程有哪些地方可行或不可行）

建议方案（根据总结，对接下来应该做什么提出建议）

咨询类报告篇幅较长，章节可能会更多，如下所示：

标题页

致谢

概要（包括主要的总结和建议方案）

目录（各章节编码、章节标题和副标题、对应页码）

简介（向读者简要介绍相关情况，包括任何必要的背景内容介绍）

调查结果（陈述调查发现的实际情况，分为不同章节

第二章 技术写作的类型

并进行相应编号）

  总结（调查发现的情况可能产生哪些影响）

  建议方案（之后应该做些什么）

  参考文献（正文中提到的书目、文章等）

  参考书目（与报告相关的其他阅读书目）

  附录（补充材料）

  附件（为方便读者阅读，装订在报告最后的文件）

  上面这个格式比较复杂，对很多报告来说都太长了，但这种结构却非常有用：简介—事实性内容—意见或总结—建议方案（如果有要求）。即使是篇幅较短的报告，你也可以按照这样的内容顺序撰写。

  在给定的格式中，报告的各个章节联系紧密，并且章节的标题都带有相应的编号。短篇报告可能只需要几个标题，这种情况下给标题编号也不会带来什么特别的优势。然而，为了辨识和参考方便，大多数的报告都对章节标题进行编号。编号系统多种多样，其中有一些编号系统非常简单：

1 背景

2 调查

3 意见

  篇幅更长的报告，其结构更复杂。这种报告要么采用段落编号

这就是工科写作

的方式,要么用(最好是)十进制计数法对所有的段落标题编号,不考虑这个章节一共有多少段落。这是一种清晰的层级结构,按照这种编号系统,有主标题的章节被细分为有次级标题的多个次级章节,如下所示:

1 主标题
1.1 次标题
1.1.1 小标题

各个章节接着重复这个样式,所以:

- 第2、3、4章与第1章(在编号系统意义上)同等重要
- 第1.2、6.4、9.5部分与第1.1部分同等重要
- 第1.1.2、1.2.6、8.11.3部分与第1.1.1部分同等重要

如果该报告的篇幅非常长,编号可以增加到第4层,如1.1.1.1,但是最好不要比这更长了。

这种编号系统非常有用,受到广泛认可。它有着内在逻辑,作者可以轻松地使用它,各章节内容可以很轻松地区分开来,比如第2.4部分以2.4这个数字开头直至2.5这个数字,两个数字中间的所有内容都隶属于2.4这个标题下。这个系统中,所有的数字都对应着标题,反之亦然(所有标题都进行了编号)。这个系统中只有一个例外——目录不在主十进制计数法编号系统中。项目用放在括号

第二章 技术写作的类型

里的单个阿拉伯数字标示，括号放在标题文本的左边，如下所示：

报告的标题应该：
（1）简短，不过长度也要足以作为信息索引。
（2）尽可能具体。
（3）以适合编号层级结构的形式呈现。

最后一点对于读者来说特别有帮助。如果主标题看上去就是主标题（比如黑体加粗），次标题也可以通过格式（比如用小一号的黑体或另一种字体加粗）以及对应的编号区分开来，读者就能够立即掌握这个文件任何一页的结构。标题的格式和编号系统互相补充。

日　期

所有报告都应该注明日期，这样做最主要的目的是保护报告作者。作者对撰写报告时信息的准确性负责，但是他们不能预见可能会导致报告结论无效的经济变化或法律变化。拜访报告可能涉及两个日期——拜访当天的日期和撰写拜访报告的日期。如果一份报告更新过或曾两次发布，对应的两个日期都需要在报告中有所体现。很多公司的报告都留存相应的文本历史记录，包括报告修订以及更新的相关信息，这些信息应紧跟在标题页后面。

理想情况下，报告应该是便于读者使用的，它的章节规划、内

这就是工科写作

容撰写以及组织结构都以方便读者为目标，这样读者可以一眼就看出它的逻辑。读者不用读完那些语句很长的片段或很多页文字，就应该可以找到一些细节信息并使用这些信息。为了达到这样的效果，作者必须按顺序在目录页列出所有标题，也要列出附录或附件的详细情况。这样，读者就能对报告的结构有逻辑概观，可以选择自己需要的章节或者内容进行阅读，同时对他们所选的这一部分在整份报告中处于什么样的位置有所了解。

页眉和页脚在整份报告中一直对读者起着指引作用，它们对读者非常有帮助。报告的页码可以采取"1、2、3"的样式，也可以采取"1/6、2/6、3/6"的样式。如果报告是活页的而不是装订的，后面这种样式就特别有用。在篇幅长的报告中，日期、分类信息以及章节编号都可以放到页脚里面，也可以加上作者的名字；只要报告的标题较短，页脚不用另起一行，报告标题也可以在页脚里加上。

最有帮助的是在报告正文前面撰写一份概要，除非这篇报告的材料是不可能写出概要的（比如报告的目的仅仅是给读者提供细节信息，不需要提供行动建议）。

报告概要

作为这个部分的标题，概要的形式可以是多种多样的，可以由报告作者或根据报告读者的情况选择，也可以采用公司的报告模板。无论选择哪一种形式，概要都必须放在一份完整报告的开头部

第二章 技术写作的类型

分。有些读者可能只阅读这一部分的内容,比如那些工作内容与报告的主题不相关但又需要了解同事目前在做什么的人。有资历、有影响力的读者也可能只阅读报告的概要,并以此做相应的决策。所以,概要应尽可能清晰并提供有效信息,这对报告作者是有利的。

我们现在所知的各种概要形式没有统一的名字,我们在此把几个广泛使用的定义列了出来,如下所示:

摘要(Abstract)/**梗概**(Synopsis)/**大纲**(Outline):基本上,这类概要吸引读者并鼓励读者进一步阅读报告。字数可以限制在 300 个单词①左右,包括概要的叙述部分和**关键词**(关键词的字体通常要加粗)。关键词(Key words)对该报告覆盖的话题做出界定,帮助潜在的读者决定是否进一步阅读更多内容。

执行摘要(Executive Summary)/**主旨概要**(Gist Summary):这类概要可以使读者了解到报告的基本信息。读者如果需要参加一个讨论报告所涉主题的会议,就可以使用这类概要。

概要(Summary):这类概要篇幅最长,作者在概要中向读者简要介绍报告以及该报告中最重要的信息。概要交代整篇报告的梗概,强调那些对读者来说最有意义的内

---

① 本书中提到的单词数指英文单词数,对应的中文字数一般为英文单词数的 1.5 至 2 倍。

这就是工科写作

容(通常是总结和建议方案)。在 1/2 页到 2/3 页这样短的篇幅里(只有在大概三四十页篇幅的长报告中,概要篇幅才会更长),报告作者需要就报告承载的信息向读者做一个精确的、无偏见的整体介绍。读者会首先阅读这个部分,会在读报告时中途返回阅读概要以帮助自己回想相关内容,也会研究概要以更好地理解技术上复杂的信息。在某些情况下,他们甚至会只阅读概要,不再阅读其他内容。这是真实的情况,对之前提到过的两类读者尤其如此:一是需要总体了解当前情况的管理人员,二是不太可能花时间完整阅读报告却需要根据建议方案做决策的高级管理人员。如果他们读到的是一篇清晰、平衡、写作上乘的概要,他们几乎必然站在报告作者这一边,继续积极地阅读报告后面的部分。一份优秀的概要是需要作者倾注很多时间和精力的,作者要认真对待。

示意图

报告中常常要添加一些示意图,作者可以根据实际情况把示意图放在报告正文或末尾。不过,就像撰写过程中遇到的所有问题一样,安排这些示意图的位置必须考虑对读者来说是否方便。一般来讲,除非示意图太大、太长,严重妨碍阅读,或是只有一小部分读者对该示意图感兴趣,其他情况下,我们都可以把示意图放置在相应的解释性文字旁边,这样读者才能跟得上源源不断的信息。如果

第二章 技术写作的类型

计算机编码或示意图占据正文很多篇幅,报告的主体就可能太长、太复杂。如果真的非常需要这些内容,把它们放在报告的最后效果肯定会更好。

示意图有助于造成即时的视觉冲击效果。借助示意图,读者能够透彻地理解那些很难(甚至不可能)用语言来体现的信息。因此,示意图的每一个细节都必须非常清晰。这意味着,每一个字母或者数字的字体都要足够大,大到读者能够立即识别(比如,如果数字5、6和8以非常小的字体印刷,读者很容易就分不清楚)。使用空格时,作者应该保证空格对撰写文件是有帮助的:在表格中,使用空格常常要比使用网格线更好,因为网格线会让人眼花缭乱;如果一条纵轴很长,轴上的数字项以四五项为一组,每个数字组之间有一个空格,读者就会更容易阅读这些数字,这样的方式比每个数字之间以相等的间隔排列要好。在输出大量列表数据时,作者应考虑采用不同的做法帮助不同类型的读者理解:有时候,显示趋势的图表放在正文里会比较合适,而有些细节性数据精确到小数点后面很多位,把这样的数据放在附录里可能会更好。对读者的需求有所掌握可以非常好地指导写作。

一份示意图中的所有标注都应水平放置,方便读者阅读,不管它是人像插图还是风景插图都是如此。如果需要旋转页面阅读风景插图,作者应该保证读者以顺时针方向转动。示意图中的缩略词、符号等内容和正文中的这些内容一样,都应该遵守国际标准。

选择示意图的相关颜色时,作者要特别考虑显示效果是否清晰。在白色或浅色背景上,深色通常可以清晰地显示出来。但是,如果要把深色内容置于彩色底色上，颜色对比就要足够强，这样读者才可以不费力地看到底色上面的文字。深红或深绿色背景上的黑色文字很难阅读。这两个颜色（深红色、深绿色）带来的问题可不止这一个——色盲患者无法分辨红、绿等颜色。在色盲患者中，男性多于女性，如果同时使用这两种看上去鲜亮的颜色，例如在一个曲线图里使用这两种颜色表示不同的线条，一些男性读者以及小部分女性读者将无法区分这些线条。

如果示意图是从其他地方得到的，作者更应检查示意图是否清晰。有时候，文件传输会损害示意图的清晰度，在我们需要调整示意图大小才能使其适应报告格式的时候尤其如此。表格中的标题也可能会在文件传输过程中发生位移，不再对应正确的数字栏。

每个示意图都需要由一个数字和一个短标题来标识。这些信息通常放在示意图的正下方，和示意图的来源或图例等细节信息（如果有）放在一起。作者要给报告中的示意图编号，通常是用两个数字来编号。第一个数字指示意图所在的主章节，第二个数字则按示意图的顺序进行编制。因此，图 2.2 就是报告第 2 章的第 2 个示意图（示意图的编号只采取主章节对应的数字，也就是说，即使该示意图出现在报告的第 2.4.1 小节，示意图的编号也只采用主章节对应的数字 2）。作者需要告诉读者什么时候阅读相应的示意图，要在合适的位置给出相应示意图的信息，比如"请见图 2.2"，这些文字表明图 2.2 可以帮助读者理解当前正在阅读的文本。

第二章 技术写作的类型

实例演练 2.4 报告

下面是一些文字段落。虽然它们来自一份真实的技术报告,但是由于没有报告的结构,这些文字读起来就像是一篇散文——有若干段落,但没有对应的带编号的标题。读者想从这么多文字和数字中提取细节信息非常困难,工程师在尝试使用这样的信息时也毫无疑问会觉得沮丧和恼火。将这份材料整理成一份结构良好、易于使用的报告。

郡游泳池顶棚吸音板降噪效果,诺斯埃斯顿,2015 年 2 月

诺斯埃斯顿郡游泳池的新手池顶棚安装了吸音板以后,公园及休闲小组委员会成员爱德华·唐斯受命与当地阿必玛斯大学机械工程系的高级讲师安德鲁·波因特博士联络,以调研吸音板的降噪效果。

2013 年,在游泳池工作人员和学员家长们向郡议会投诉后,安德鲁·波因特就做了相应的噪音水平测试。当时,他建议郡议会安装由弗雷泽与麦克法兰公司制造的吸音板,建议铺装面积为 114 平方米。他测量了当时的噪音回响时间(见表 1)以及噪音水平,记录下来的数据显示噪音水平的平均值为 92 dBA,最大值为 103 dBA,最小值为 87 dBA。

郡议会批准了安德鲁·波因特的建议。当时,波因特博士和吸音板制造商代表都预测,如果游泳池可以安装吸音板,噪音回响时间会变短(见表 1),噪音水平也会降低。因此,2014 年 11 月,游泳池安装了全新的吸音板。

两个月后,波因特博士应要求评估吸音板的降噪效果,并向爱德华·唐斯递交一份报告汇报他的研究发现。博士应允了这一要求。2015年2月1日,他们两人一起考察了新手池,当时的客流量就像平常周末一样,大约有35人,里面有成人也有儿童,这与2013年做原始测试时的数据大致相同。

安德鲁·波因特发现,实际铺装吸音板的面积达到180平方米,虽然这个数据与之前的数据不符,但他并不认为最初的预测会因此被宣告无效。

吸音板的背部材料是玻璃纤维,这种材料也不同于先前测试时使用的材料。也许这种材料是最终取得有益结果的原因。

他们测量了现在的噪音回响时间,把得到的数据与安德鲁博士和吸音板材料商当时预测的数据放在一起对比。对比发现,铺装吸音板后的回响时间大幅降低(见表1)。他们也对噪音水平做了测试,现在的噪音水平的平均值为77 dBA,最大值为87 dBA,最小值为71 dBA。相比之前的数据,噪音水平有了令人欣喜的降幅。

波因特博士还与新手池的工作人员做了一番交流。教练们和游泳池的服务人员一致认为,游泳池整体的噪音水平下降了,游泳池的工作环境变得更加舒适。他们还感觉到能够更加容易地理解大家在说什么,现在他们既能听得更加清楚,又能辨认出是谁在发出声音。从安全的角度来看,这显然是好的效果,而且这也使得青少年的训练更容易。他们对新的吸音板很满意。

第二章 技术写作的类型

安德鲁·波因特完成评估后提交了报告,他对评估结果非常满意,认为郡议会应扩大吸音板的铺装面积。铺装完成后,泳池整体噪音水平明显下降,噪音回响时间也比之前短得多,这可能是吸音板的背部材料带来的效果。显然,游泳池以后也应使用同样的吸音板。游泳池工作人员感到工作变轻松了,泳池安全水平也得到提高,这一定对大家都有好处。

安德鲁·波因特按照这样的思路撰写了报告,并提交给爱德华·唐斯,等待郡议会审议。

表1列出了噪音回响时间的测量结果。

表1 新手泳池噪音回响时间(窗帘呈打开状态)

频率 (单位:赫兹)	2013年 测量结果 (单位:秒)	波因特博士 建议方案的 对应数值 (单位:秒)	弗雷泽与 麦克法兰公司 的预测数值 (单位:秒)	2015年 测量结果 (单位:秒)
125	1.75	–	2.8	0.7
250	2.2	–	2.0	0.4
500	2.4	1.5	1.3	0.55
1000	3.8	1.65	1.5	0.8
2000	3.6	1.65	1.7	0.85
4000	3.0	1.5	1.6	0.9
8000	–	–	–	0.55

注:弗雷泽与麦克法兰公司的预测数值建立在铺装吸音板面积为114平方米的基础上,而实际铺装面积为180平方米。

检查报告

撰写检查报告（inspection report）几乎总是要应用所涉机构制作的标准模板。使用标准模板有很多好处：标准模板提供了各个章节的标题，可以确保作者把所有章节都完成，并且可以让读者快速阅读，因为读者可以清楚地知道自己要去哪个章节寻找信息。

检查报告作者的责任是提供准确、完整的数据。检查报告必须是客观的，所有细节都应在没有偏见的基础上完成，并且尽可能做到清晰和完整。检查报告的内容也必须易于理解。但是，使用模板也有一个缺点：留给作者的空间有限，这可能会让作者使用过多缩写或直接删去那些看似"不必要"的单词。这样做会让读者感到困惑。检查报告的内容不应需要额外解释，或让读者为了看懂而进行猜测（后一种情况更加糟糕）。

工程师在检查完成并核实所有数据之后可能还需要额外添加一些信息，而标准模板中没有给出相应的写作模板，例如证人的证词（某事件发生导致工程师要进行此次检验，该证人见证了事件发生）。引用的证词必须精确，要使用引号，也要列出证人的姓名和证人看到事件发生的时间。

在检查报告的写作阶段，最重要的部分可能就是选词了。作者不能夸张地描述，或是让检查报告看上去受到了作者偏见的影响。用语要尽量简单易读，句子和段落要简短。

检查报告的作者在陈述事实情况时，必须使读者可以快速阅读和理解信息。除了陈述事实，作者可能也会被机构要求对问题产

第二章 技术写作的类型

生的原因或其长期影响发表一些看法。作者应将这部分内容与其他数据分开，单独放在一个章节，并清晰地标上标题，如"评论"或"结论"。这样可以确切地表明这部分内容是作者的评估，而不是证据。

检查报告应清楚、完整地描述接受检查的内容。在阅读了这样的检查报告之后，读者会充满信心地采取相应的行动。

技术规范和操作指南

技术规范（specification）可能介于报告和操作程序（procedure）两者之间：技术规范提出预期标准或可对操作进行测试的标准。因此，技术规范通常是本国标准和国际标准的结合，或者与这两个标准密切相关。技术规范可以规定很多东西。例如，技术规范可以规定如何制造或维修机器，也可以规定如何设计、操作系统，也可以规定撰写技术规范所使用的语言必须符合哪些特定的规则。操作程序则分为两类：一类是一般性程序，它明确指出应以某种特定的方式进行操作；另一类是具体性程序，它为执行操作任务提供明确的指示。操作指南（instruction）则仅仅是简单地告诉操作人员具体要做些什么，通常不会详细阐述，不过有时也会附上一些解释性注解或示意图。

 这就是工科写作

风格与语言

在各种形式的操作指导类写作中，难点主要在于如何正确使用大家经常混淆的一些词："can/could""may/might""able""should/would""will/shall/must"。

它们的定义如下：

- "can/could"（可以，能）用来表示能力：

    The car can reach 110 mph.
    这辆车时速可达 110 英里[①] 每小时。

    It could travel even faster in different road conditions.
    它可以在不同路况下更快行驶。

- "may/might"（可以，可能）表示允许或可能性：

    The car may（is allowed to）travel at 70 mph on the motorway.
    汽车在高速公路上可以（被允许）以 70 英里每小时的速度行驶。

---

① 1 英里约等于 1.609 千米。

The lorry might arrive (there is the possibility that it will) before dark if it is not held up by a traffic jam.

如果没有被交通堵塞耽搁，卡车可能在天黑以前到达。（这句话中，"天黑前到达"有发生的可能性。）

● "might"（可能）也可以用在表示否定含义的地方：

The lorry might have arrived if the road had not been flooded.

要不是道路被淹了，卡车可能已经到了。

● "able"（能够）指有能力做某项特定的工作或能够胜任某项工作，这个词并不意味着所涉人物的"意愿"或"意图"。

The engineer is able to repair the damage. (He or she is capable of repairing the damage.)

工程师能够修复损坏的地方。（他/她有能力修复损坏的地方。）

● "should/would"（应该/会）这两个词现在可以换着用，它们的语义常常是不明确的，如下例所示：

I wonder if I should drive so fast. ("should" implies hesitation, whether I ought to or not)

我不知道我是否应该开这么快。("应该"在这里暗示着犹豫——我是不是应该做这件事呢？)

I should go as quickly as possible. ("should" implies moral imperative, under an obligation to)

我应该尽快去。("应该"在这里暗示道德上的责任——有做这件事的义务。)

He would go if conditions were right. ("would" implies unlikely possibility, conditions are not right)

如果条件合适，他会去的。("会"在这里暗示着不太可能——条件不合适。)

He would go in spite of our warnings. ("would" implies determination, he insisted on going)

尽管我们发出了警告，他依然会去的。("会"在这里暗示着决心——他坚持要去。)

由于这种词义上的混淆，"should"和"would"常常表达同样的意思。比如下面这句话，它写在邮件开头，句中既使用了"should"，也使用了"would"：

I should be grateful if you would kindly supply the following.

如贵方能提供下列货物,我将不胜感激。

"will"(将、愿、想要)这个词的意思也是不太明确的;在说话的时候,它的意思常常可以通过强调来明确,如下例所示:

I will mend the car tomorrow.("will" implies future action, intention)

我明天要修车。("要"在这里指未来的行为,表示行为人的意图。)

I will mend the car tomorrow in spite of my other commitments.("will" implies determination)

虽然我还有其他事情要做,我还是会修车。("会"在这里暗示着决心。)

The garage owners will be responsible for those repairs that are covered by the guarantee.("will" implies future obligation)

保修范围内的维修服务将由汽修厂的所有者负责。("将由"暗示着将来要尽的义务。)

上述例子表明，在技术写作中不能随意使用"should""would"或"will"这些词。不过，有一种常规用法是稳定不变的："shall"（应）一般用来表示义务，这个词现在非常有力。在技术规范里，"shall"已经成了一个指示词：

The company shall be liable for the cost of maintaining the equipment. The engineer shall carry out the repairs as agreed.
公司应承担维护设备的费用，工程师应按约定进行修理。

撰写技术规范时，"shall"（应）这个词应作为标准词使用以体现"义务"——公司应承担责任，工程师应履行修理义务。在其他非技术规范的语境中，这个词的意思并没有如此统一。作者应注意，"shall"也可以理解为一般将来时：

I shall go to enquire about the order tomorrow or the following day.
我将在明天或后天询问该订单的情况。

因此，如果非技术规范的文件要用这个词来传达"义务"的含义，就必须把这层意思明确地表达出来。在技术规范中，大家理所当然地认为"shall"（应）体现"义务"。

另一个词是"must"（必须），技术规范的作者也会用到它。must 不给读者任何选择，还具有额外一层含义——它告诉技术规范的使用者，所谓的"义务"并不仅仅是当前这份文件的义务。该行为之所以具有强制性，是因为有"更高"的权威，比如法律要求该项义务。"shall"和"must"之间有差别，这种差别是有用的。撰写时要注意两者的差别，这种差别已经得到了公认。

因此，撰写技术规范时最好避免使用"is to/has to"（要）这样不太精确的表达。在日常生活中，我们用"要"来说明义务，比如"工程师要执行该程序"。但在技术文件中，这样的表达会导致不确定性，最好还是使用"shall"或"must"。

好的写作风格总是会受到读者欣赏。不过对于技术规范来说，如果有必要，写作风格还是要为准确性做出牺牲的。技术规范中，许多句子听上去会有些重复，尤其是不断使用"shall"的时候。不过，这就是技术规范的性质，无法避免。"文学的"、流畅的写作风格几乎不可能在任何类型的技术写作中做到——技术文件中，某个段落中的句子往往长度一样，结构也相同。

有时候，技术规范的作者会落入使用伪法律语言的陷阱，使用诸如"aforesaid"（此前提及的）或"always provided that"（倘若）的表达。作者应该避免使用这些比较浮夸的词语，同时也应避免使用意思相同的词语组合，比如"orders, instructions and directions"（命令、指令和指示）。技术规范作者应该总是要谨慎选择用词，要考虑到技术规范使用者的需求。诸如"regularly"（规律性地）或"workmanlike"（技术娴熟的）之类的术语虽然听上去有用，但多

053

规律才是"规律性地"呢?每世纪一次吗?"技术娴熟的"这几个字隐含着所有工人都以相同方式、按照相同标准进行操作的意思,事实可能并非如此。

现在,大多数公司都有书面程序文件,并定期对这些文件进行评估和更新。这里的"程序"也是一个公认的术语。

一般性程序文件描述应该如何采取行动(并不给出操作指南)。具体性程序更像操作指南,可以使用技术规范术语("shall"和"must"),也可以使用直接指令的常用语言形式——使用动词的祈使形式:"做某事"。如下例所示:

> Check the machine and sign the form.
> 检查机器并在表格上签字。

> Inform the safety officer immediately if the machine is to be moved. Replace the guard on the machine immediately after maintenance.
> 若要移动机器,请立即通知安全员。维修完成后立即更换机器上的防护罩。

在这些句子中,"检查""签字""通知""更换"具有命令的效力,读者不可能误解这些命令的意图。

撰写操作指南时,工程师并不是在询问或建议,也不是在推荐或表达某种偏爱。命令是必须严格执行的。唯一安全的写作方法

第二章 技术写作的类型

是,让每一个步骤听上去都像命令。在加油站加油时,没有人问我们"是否介意"关闭引擎——如果不答应这么做,结果会非常糟糕。虽然如此,明智的做法是在撰写操作指令时给出相应的理由,除非这个理由也像命令本身一样非常明显。例如,"禁止未经授权进入"这句话后面可以附上大家熟悉的放射性符号,表示危险。

国际标准对国际上通用的很多危险警告标识做了规定,我们自然也应遵守颜色代码(红色表示禁止,黄色表示警告,蓝色表示强制行为,绿色表示安全状态)。警告标识中既使用单词也使用符号,将单词和符号组合起来是明智的做法。这样,语言知识匮乏的人也能理解操作指南上的信息。

如果可能,操作指南的语句应尽可能写成肯定句而非否定句,例如:

Do not leave equipment switched on.
不要让设备保持开启状态。

这句话写成这样更好:

Switch off equipment.
关闭设备。

也有一些操作指南的句子是否定式的,甚至是双重否定,例如:

Unauthorised persons may not change grinding wheels.
未获授权人员不得更换砂轮。

如果可以，这句话应写成肯定句式：

Grinding wheels should be changed ONLY by authorised persons.
只能由授权人员更换砂轮。

正如其他技术性的写作，操作指南的撰写也会重点考虑风格和版式。我们很容易理解其原因。操作指令必须被执行。因此，这些指令必须语义明确，否则操作人员将采取错误的行动。操作指令也必须陈述得当，否则操作人员可能会遗漏操作或以错误的顺序执行操作。

整份文件自始至终都要正确选择词语，这一点至关重要。作者既要保证文件准确，也要让读者理解文件。操作指南的读者通常在地位、知识和经验上不及作者。对作者来说，难点在于把自己置于读者的位置写作。

作者需要意识到操作人员缺乏哪些知识，还要发挥想象力，努力设想他们身体的相对位置。"前""后""左""右"的含义取决于不同的视角。同样，"附近""远""靠近""旁边""之后"，甚至是"大"和"小"，这些词也是主观的。操作指南需要提供精确的信息。制造麻烦的词语还有"适当""相对""大量""适宜"，这些词

第二章 技术写作的类型

的含义取决于读者的感知,作者需要阐明这些词的含义或避免使用这些词。

结构与布局

任何一种类型的指导性写作都有自己的惯例。技术规范的格式通常与报告的格式相似,不过需要强调的是,两种问题的格式之间存在一些差异。有的机构有内部的技术规范格式,作者必须遵循这些格式。下面给出一个技术规范的通用格式:

标题页

目录

简介(简介是第一个有编号的章节)

范围(技术规范覆盖的广度和深度,如果有限制因素,也要在这一部分列出来)

参考文献(格式规范、资料丰富——见下文)

定义(某些指定术语的定义——见下文)

术语汇编(缩略语等)

正文(技术规范正文,正文分为各个章节)

附件(针对特定读者的附加信息)

上述格式中有两个部分需要在此补充说明。技术规范包括两种不同类型的参考文献:规范型和资料丰富型。规范型参考文献将参

这就是工科写作

照项指向其他技术规范，被指向的其他技术规范要放在参考项位置旁边。而且，有必要说明哪一个文件具有优先级，比如，在技术规范中要加上这样的语句——"如有冲突，本技术规范优先于……文件"。资料丰富型参考文献类似于报告的参考文献，这类文献列出该技术规范所引用的或有助于进一步指导的出版物的相关细节。

有些名称或术语在上下文中具有特定的含义，按照惯例，这些名字或术语的英文首字母大写。因此，"Client"（客户）一词的首字母是大写的"C"，表明这个词代表着当前文件所对应的特定客户。同样，"Works/Contractor"（"工程/承包商"）的首字母也可以是大写。撰写技术规范时，保持前后一致显然是非常重要的。首字母小写的"client"将被理解为除了该文件所对应的特定客户之外的任何客户。

技术规范的正文和报告正文一样，不同的章节都有对应的编号，例如：

    2   材料
    2.1   水泥
    2.2   骨料
    2.3   掺和料

技术规范可能会包含很多小节，小节数量可能比报告要多得多，指示小节的数字编号可能需要 5 到 6 级，甚至可能在数字编号后面还要跟上字母"a、b、c"。

第二章 技术写作的类型

因此，操作指南的结构和布局设计也是非常重要的。最重要的规则是：按逻辑顺序一步一步来。每一步都应该编号，用连续的阿拉伯数字编号最易阅读。通过对各个章节进行编号，作者清楚地界定了接下来操作人员要完成的各个步骤。如果中途打断了操作，编号就可以作为参考，非常实用（完成每一步之后，可以用编号标出进度）。

给操作顺序编号对作者也有帮助，这能帮助作者检查文件中所有步骤是否顺序正确（正确的顺序是指操作人员实施这些步骤的顺序）。撰写操作指南时要注意，永远不要让读者回溯上文——想象一下，你被告知"必须检查电池，在扑灭所有明火之后"。事实上第一个动作"扑灭所有明火"必然是发生在第二个动作"检查电池"之前的。因此，句子的编排必须明确操作步骤的顺序。

空格是一个重要的工具，可以限制读者每次吸收的信息量。标题和指令之间应该留有空格，每个指令都应该另起一行。一般性的指示应放在开头或结尾，且与所有指令明显分开，比如"本程序应每周执行"。如果正文需要补充一些附加信息，应该通过设置位置（比如把附加信息放在指令右边的页边空白处）或设置字体（比如把附加信息设置为斜体）将它与正文区分开来。警告语句尤其要清晰明确。如有可能，把警告语放置在操作指南的开头，也要放在相应的步骤里。可以使用红色的大写字母、加粗字体或其他标志标记警告语，吸引读者注意。

作者有时也可以将操作指令分组，在每组操作后面留出空间，为每组操作指令加上合适的标题。无论选择哪种形式，对于操作人员来说，操作指南的格式都应该是清晰易懂的。这样的操作指南可以提升操作人员的工作效率，并使他们有信心正确操作。

实例演练 2.5　操作指南

下面是针对状态机设计的一组指令，这段内容杂乱无章，描述也不准确。重新组织这段内容并重新编写，使操作人员使用起来更加方便。

First of all, you should make a statement defining the state machine in terms of a state diagram and then after the number of required state variables has been determined and the state representations chosen, you can determine both the next-state functions of the present state and inputs and the output functions of the present state and inputs.

（参考译文[①]：首先，你应写一份陈述，定义状态机关于其状态图，然后，在确定了所需状态变量的数量和选择了状态表现形式之后，你既可以决定当前状态和输入的下一个状态功能，也可以决定当前状态和输入的输出功能。）

[①] 为保留原题目的语言风格，实例演练中的参考译文在对应位置设置了一些错误。

第二章 技术写作的类型

论 文

课程即将完结的时候，见习工程师会面临项目报告（project report）或论文（dissertation）的撰写任务。本书在"报告"一节中探讨过报告的撰写。相较而言，论文似乎更令人却步。在课程期间，每隔一段时间，见习工程师就会撰写一些报告。论文的篇幅比报告更长（可能要达到1万至2万个英文单词），章节较多，还要求作者有逻辑地展开论证。论文还要求良好的阅读体验。在材料方面，就算论文材料不具有独创性，至少也应表现独立性。最重要的是，无论是论文的信息还是它的呈现方式，都要做到精准。

我们也许应该在这里告诉大家，惊慌失措无益于清晰地思考，任何情况下都不要焦虑不安。撰写一篇优秀的论文有一定的步骤，如果能够按照这些步骤撰写论文，写作过程就可以变得既充满挑战，又非常有趣——这是最好的情况。

首先，阅读所属院系的论文写作大纲。写作大纲会对论文字数做出规定，比如字数的最大值、最小值以及可以接受的偏差值（可能是10%）。任何章节内的注释文字都不计入总数，比如参考文献的注释。写作大纲还会规定论文的结构以及呈现方式，比如字体大小、数学材料的排版、以什么形式提交（电子版还是装订好的复印件）。标出所有跟你自己论文相关的细节，写作过程中要牢记这些要求。

一篇论文的准备是一个整体过程，而不只包括撰写这一行为。在撰写之前，作者要进行规划和准备。不过，如果你突然对论文的某一部分有了灵感，并且有想把它写下来的冲动，那就这样做吧。完成之后，给这一部分做标记，表明它有待日后检查及修订。论文的研究主题应征得导师的同意。研究主题本身就蕴含着问题，我们要看到它背后的问题。如果你正在调查路面状况和路面交通所需的摩擦力，那么，你要研究的问题就可能包括以下内容：

摩擦力如何影响汽车的停车距离？
不同的路面如何影响停车距离？
雨/冰对路面摩擦力有什么影响？

有些问题可能日后会被你忽略，但提出这些问题有助于厘清该主题的研究方向。

有时候，一些有趣的想法会在不那么凑巧的时刻冒出来，比如听讲座或是与朋友一起参加派对时。你可以在口袋里备好手机或者一本尺寸不大的笔记本和一支铅笔。这样，即使你不在电脑旁，那些有趣的想法也不会丢失。在论文撰写的初期阶段，你可以根据截止日期和其他事情规划好可以明确分配给论文的时间，同时不要忘记把休息和放松的时间也考虑在内。

规划论文结构是至关重要的。在一个长篇写作项目中最好有一个主要的总体规划，同时也要有次级规划，包括对每一章节内容的规划。做规划的时候，你要考虑每一方面的内容可能需要多少字数——这能够帮助你明确是否需要缩小或扩大主题范围，明确哪些是展开论证最重要的部分。随着论文结构愈发清晰，你可以与导师

第二章 技术写作的类型

或老师展开相应的讨论，得到他们的认可后你也会感到安心。

做规划的时候你要决定论文是否要有文献综述。如果要加上这一部分，你要明确综述与论文的比例。某些情况下，文献综述可能会占据相当大的篇幅，有些情况则相反。人们很容易把论文看成串联在一个结构中的一系列不同文章，这是错误的看法。也许论文的各个标题或各个章节会让人有这样的印象，但是，论文需要成为一个连贯的整体——你要把它视为独立存在物去规划和撰写。

我们似乎讨论了很多规划上的事情，但是，我们对论文结构规划和展开得越多，撰写就越容易。制作任何文档（尤其是篇幅长的文档）的一条最重要的经验就是，不要在一开始就展开写作。但是，如果你感到已经掌握了某个部分所需的所有信息，并且清楚地知道这一部分在整篇文档中处于什么样的位置，那就从这一部分开始写作吧，哪怕这部分内容不长也是可以的。你写出来的这部分内容可能以后需要修改，不过它会帮助你应对最令人为难的那一步——你心里知道必须写一个开头，也知道要用很多字填满篇幅，但是面前的屏幕却空空如也。

撰写过程需要适当的控制，这取决于作者个人的偏好。有些人喜欢制订非常详尽的时间表，规定每一天的哪些时间段用来撰写论文，有的人可能还会限定每天的写作字数。任何情况下都要留出休息的时间。无聊、文思枯竭、紧急情况……这些都会让你完不成当天的字数。计划不应该详尽到给你造成额外的困扰，也不应该规划到最后一分钟不留余地，这会导致你没有时间检查论文，以及不能把所有的部分组合成一份完整的文件。

本书也会在其他章节提供有用的信息，帮助你在每个阶段的写作，尤其是以下这些部分：

- 写作风格，第 4、5 章
- 数学材料，第 3 章
- 检查和书面信息的呈现，第 6 章

检查文稿需要一定的时间，对作者和帮忙校阅最终版本的朋友来说都是如此。请别人帮忙检查文稿对作者特别有帮助，因为作者总是很难看到自己的错误。而且一些错误其实是极其难发现的，比如把"form"（格式）写成"from"（自从），或者把"casual"（休闲）写成"causal"（有因果关系）。最令人烦恼的错误可能是把"not"（不）写成"now"（现在），或者是反过来把"now"写成"not"，这种错误完全改变了作者的意思。因此，第二双甚至是第三双眼睛是非常宝贵的。在校阅的同时，作者也要知道什么时候应该收笔。你可能很难抗拒那种想要增加一些文字或表格的强烈欲望，这种欲望无疑应该受到质疑：如果这些内容一开始就没有在这里，那么现在真的要用到它吗？现在想要添加东西的冲动，是不是只是未经周密考虑的马后炮？

校阅人在正式校阅文稿内容之前就会看到面前的文稿。第一印象对校阅人会有很大的影响。很小的错误可能会非常显眼，比如遗漏了某个图表的标记、文字字体在某一页中间发生改变、目录不全、排版拥挤导致阅读困难等，类似错误会使读者在阅读之前就失

第二章 技术写作的类型

去兴趣。标题页上的错误是最糟糕的,而人们常常忘记检查这个部分。这种印象将在校阅人整个检查过程中一直存在。

论文完成以后,你可能需要在线提交文件,也可能要以复印件形式提交文稿。因此,你要对照写作大纲的相关规定检查论文是否符合写作要求。如果要在线提交论文,请使用 pdf 版本而不是 word 版本。pdf 版本可以让考核人清楚地看到你想要表达的内容。无论哪种形式,论文一旦完成,它就应该是作者能够引以为豪的作品。论文的价值不仅仅是帮你拿到学位,它还可以为你赢得面试机会,甚至可以成为你未来研究的引言部分。你如果有可能继续使用这篇论文,可以复印一份备用。

小　结

- 电子邮件并不仅仅面向目标读者；它可能会在作者不知情的情况下被转发给其他人。
- 除非必须通知到每一个人，否则不要使用"回复所有人"功能。
- 检查邮件内容是否对所有收件人都恰当得体。
- 缩短"连绵不绝"型邮件，否则收件人可能会错过最后的内容。
- 信函如今是正式文件，其内容往往具有法律效力，代表着发送信函的公司的意志。
- 确认是否需要撰写商业案例以及是否有可能获得一定的支持。
- 执行摘要是商业案例中最有影响力的内容，应该把执行摘要放在商业案例的开头，但是作者应最后撰写该部分的内容。
- 应该清晰、客观地呈现各个可选方案，并附上相应的支持性数据。
- 商业案例的推荐方案部分向读者说明如何和为何选择这一方案，以及该方案的优势。
- 判断读者情况和目标是撰写报告的第一阶段。
- 报告的逻辑结构应该对读者来说非常清晰；报告要使

第二章 技术写作的类型

用正式的语言。
- 概要通常是一篇报告中最有影响力的部分。
- 检查报告应该完整、客观地展示证据。
- 在技术规范和操作指南中,表达"义务"的含义用词要恰当。
- 操作指南的内容和语言必须恰当得体,做到结构清晰、有条理,这样可以帮助操作人员理解和实际应用。
- 严格遵守论文的写作大纲,撰写过程中要经常参考写作大纲。
- 为了厘清主题,试着围绕论文主题提出一些问题。
- 规划是准备论文的一个关键阶段,在这个阶段花时间是相当值得的。
- 论文是一个连贯的整体,应该从整体上对论文撰写做规划。
- 从一个简单的部分开始撰写,无论它是整篇论文的哪个部分。
- 检查文稿是作者的责任,但可以求助"第二双眼睛"。
- 进行检查,确保论文表面上吸引读者、易于阅读。

第三章

▶ 好的写作风格

Writing for Engineers

本章针对写作风格提出了很多详细的建议。本书后续几个章节为其他一些重要的写作技巧提供了相应指导。为了帮助大家形成一种恰当得体、易于阅读的写作风格并在写作中保持这种风格,我们在这里将大家需要记住的主要内容整合成一份清单。我们还将结合一些例子和实例演练,更加全面地讨论以下这些要点。

好的技术写作风格清单

- 只要在技术材料的难易程度允许的范围内,尽量使用简单的词语。
- 避免使用行话,这会令读者不适。要让每一个词为作品增加意义和可读性。
- 统一使用正式用语;不要使用"don't"(否定简略形式)或俚语。
- 行文简洁明了,避免无意义的废话;不要论述自己的感觉。

- 句子要有长有短，每句话不要多于 40 个词。
- 使用一些短句强调重要信息。
- 各个段落要形成统一架构，而架构的统一也要能够促进读者阅读。这两者之间要形成平衡。
- 只要可以使用列表，就使用列表来陈列信息。如果各项信息之间的顺序很重要，就对它们进行编号。
- 要做到精确，使用相应的词语和数字体现信息的准确性。
- 文章中的技术语言要适合目标读者。
- 使用一些连接词和短语，比如"因此""同时"。
- 判断传达每一条信息用哪种方式是适当的，是通过文字、示意图还是数学材料？
- 写作时一定要参考本清单！

什么是好的写作风格

"好的写作风格"大致可以定义为"适合读者需要的风格"。比如，提供某些信息的文本可能会在某一学术会议后出版的会议刊物中以独创性研究的面貌发表；随后，它可能会出现在本科生的教材里，对该学科知识体系做出基础性的贡献，并因此演变成一篇新闻报刊文章，面向有理解和学习能力的非专业读者；之后，它可能会被发表在各种教科书上；最后，你可能会在儿童百科全书中找到它的身影。在这些信息的每一种表现形式中，它呈现的词汇、句子

第三章　好的写作风格

结构、说明性文字和例子都是适合当前读者的。如果没有正确评估读者的接受水平，信息就不会被读者接受。读者会认为它"太难理解""令人感到困惑"或"给人居高临下的感觉"，意向读者也会拒绝接受这些信息。

上面描述的这种极端多样化的读者群不常见，不过，读者群的多样化表明，文件的作者有必要以一种对读者有益、令读者鼓舞的风格进行写作。脱离实际、为了写作而写作——不是目标清晰地为了某一读者群体写作——是不太可能形成好的写作风格的，这样写出的成品可能根本就不会被人阅读。好的写作的第一个要求就是，它要能满足读者的需要。

后面几章将探讨选词、句子以及段落的组织结构。思考这些内容的时候也要考虑到写作风格，这一点非常重要。比如，句子的长短会促进或阻碍读者阅读——非常长的句子通常会比较难以理解；长句在文学作品中有自己的一席之地，但在需要即时传递工程类信息的时候并不高效。"好的写作风格"涵盖的内容，不只包括正确选词和决定句子的长度，也涉及素材的选择以及如何恰当地把不相关的信息联结起来。这两方面的内容在本章中也有所体现。

目标读者与写作目的

作者应在动笔撰写技术性论文、技术性报告之前就提出并回答一系列问题：

- 我的读者是谁？
- 读者对这个主题了解多少？
- 读者对这一类型的工作有什么样的经验？

作者首先必须对读者进行界定，这样才可以正确地选择写作风格——词汇的专业程度应该如何？有多少专业术语需要加以解释，哪些是作者想当然地认为读者认识的？使用哪种类型的例子对写作有帮助？

这些问题并不是总能找到确切的答案。最初的读者可能会把文件传给其他人阅读，而作者对这些人一无所知。也许，在一篇报告首次发表的很多年以后，由于类似问题再次出现，人们会再次阅读这篇报告。尽管答案并不总是确切的，作者还是需要尝试寻找答案，并且评估当前能在多大程度上回答这些问题。

接着，作者要去思考目标。目标既包括作者撰写该文件的目标，也包括读者花时间阅读该文件的目标。关于目标，这里也有一系列的问题：

- 为什么忙碌的作者认为有必要以书面形式呈现这一信息？
- 为什么忙于其他项目的读者要费心阅读这份文件？
- 作者希望通过写作这份文件达成什么目标？
- 读者希望通过阅读这份文件获得什么？

提出这些问题有一个明显的作用，即作者会认识到行文简洁

第三章 好的写作风格

的必要性。作者和读者都是忙碌的工程师，除了这份文件，大家都有其他需要思虑的事情，如果文件可以尽可能地简短，大家都会得益。这就是好的写作风格对读者的一种礼貌，它避免了在不必要或不相关的事情上浪费读者的时间。

我们需要更仔细地分析上面这些关于目标的终极问题：作者希望达到什么目标？答案也许是显而易见的：她希望新来的年轻助理能够出色、安全地执行指令；他希望自己发出的商业信函得到的回复是一份订购所属公司产品的订单；他们（很多技术写作是一个团队而不是个人的产出）希望报告能促成公司安装最合适的系统。不过，作者也可能有其他隐藏动机：希望说服客户对所属公司产生好感、促进上级管理人员对作者有好的评价、使作者的事业更上一层楼，等等。

如果作者想要达成这些目标，信息的呈现就一定不能只是简要的，它一定也是准确的、清晰的。信息呈现的准确性将会在第六章进行讨论。好的写作风格还涉及选择合适的词语和例子，精准传达作者的意思，并使读者能够同样精准地理解作者的意思。模棱两可的表达或考虑不周的选词会模糊议题，并可能导致错误的结果。好的写作风格要求思维缜密、用语精准。

上文提到好的写作风格的"礼貌"，这种"礼貌"就包括为读者考虑，比如称呼读者的方式。使用"他/她"要经过深思熟虑；一些工程技术文件现在仍然假定读者是男性。在一份篇幅较长的文件写作中，重复使用"他/她"显得累赘、啰唆。作者可能会感觉到自己需要在人称的使用上做出决策。写这本书的时候，我所做的

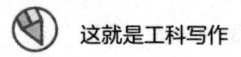 这就是工科写作

决策是避免使用怀有偏见的语言，多使用复数，将使用"他/她"的次数控制到最低限度。

正式的文件用语

在判断是否选择正式用语时，"礼貌"也是需要考虑的一个因素。总的来说，电子邮件可以是非正式的，商业信函更正式一些（可能正是因为它如今十分罕见，才促进了这种正式性），报告和技术论文则非常正式。不过，每种文件类型都有一些例外情况。操作指南是无人称的（不是"你必须关闭引擎"，而是"关闭引擎"）。正式的写作不允许使用缩写（比如"it's"或"can't"这样的缩写），也不可以使用俚语或口语的非正式表达。在最正式的写作中，不可以直接称呼读者［比如不要用"You will find that..."（你会发现……），而应该用"It will be found that..."（结果是……）］。类似"e.g."或"i.e."的缩写应该以完整形式写出来，尤其是在连续的散文段落中。

> ▎ **实例演练 3.1　不同的用语风格**
>
> 下面这段话的写作风格在非正式、正式和华而不实之间变换，重新撰写这段内容，写作风格应统一为适合技术文件的正式风格。
>
> The members of the team have done three experiments so far,

第三章 好的写作风格

but at the end of the day they may not get the results they expect. If the results are inconclusive, they may have to start again from scratch and repeat all the work. It's a pity they didn't bother to take advice from more experienced engineers right back at the inception of the project. Documentation was indisputably available which would have shown the necessity of further preliminary investigation. Could this waste of time have been prevented? It seems probable, if the aforementioned proposal for an initial feasibility study had been implemented at the beginning.

（参考译文：队员们目前已经做了三个实验，但是，到头来，他们可能不会得到预期的结果。如果实验结果没有定论，他们可能要从头再来，把所有的工作再重复做一遍。真是遗憾，他们在项目开始的时候就不愿意听取更有经验的工程师的建议。文献记录毫无争辩地可以查阅，它们会体现进一步前期调查的必要性。是否可以避免这种对时间的浪费？答案是，似乎可以——如果前述关于初期可行性调研的提议能够在项目开始便得以实行。）

有时候，公司政策会规定文件是否采用正式用语。不过，如果（没有规定的时候）某个工程师需要判断是否采用正式用语，他就要考虑到公司与读者之间的关系以及信息本身。如果该工程师选择采用完整的报告格式，写作风格就必须是正式的；而供同事使用的简短报告就可以采用不那么正式的用语。一旦选择了合适的风格，全文就需要保持统一；风格变得过分正式或过分不正式都会分散读者的注意力，打断文章的连贯性。

主动与被动；人称与非人称

技术写作中，主动语态和被动语态互相关联，这也是让作品个人化或非个人化的一个因素。

在主动的写作风格中，句子从主语到动词再到宾语，就像"Simon hit the ball"（西蒙踢球）这句话中，"Simon"是主语，他做了"踢"这个动作；"ball"是宾语，它是被"踢"的对象。这样的句子形式强调的是"Simon"，因为他的名字先出现。如果我们把顺序颠倒一下，句子就变成了被动语态的"The ball was hit by Simon"（球被西蒙踢）这个被动句强调的是"ball"这个词，"Simon"几乎最后才想到的内容。如果最重要的信息是球被踢中了，"Simon"这个信息可能就不会出现。"The ball was hit"（球被踢中）就是一个无人称的被动句。

关于公司条款，工程师可能会这样写：

I recommend this policy.
我推荐这个政策。

这句话很明显是一个有人称的主动句。

但是，该句子使用了"I"这个词，这对于公司文件来说就太不正式了。作者可能希望强调自己是作为这个公司的一员来写这份

第三章 好的写作风格

文件的，如果是这样，更合适的句子形式是这样的：

We recommend this policy.
我们推荐这个政策。

这仍然是个主动句，但是"we"这个词拉开了文件与作者的距离。有时，出于礼貌考虑或公司的规定，作者要使用被动句。在被动句中，宾语［本例中，宾语是"policy"（政策）］变成主语，执行动作的人不再被提及，除非作者用了"by me"（由我）这一累赘且不太可能被使用的形式。改成被动句后，这个句子变成了：

This policy is recommended.
该政策被建议采用。

这里，表示人称的"I"或"we"消失了，句子是被动、无人称的，这可能是公司想要的效果。

传统上，正式的科技类写作和技术类写作使用被动语态；现在报告文件使用被动语态仍然是惯例（虽然这个惯例不总是被人遵守）。但在电子邮件或商业信函中，被动语态已经逐渐不再受到人们的喜爱。这是写作总体朝更加非正式的方向发展的部分表现，但公司政策可能仍然规定要使用正式风格。被动句有句子冗长的倾向，正如下例所示：

It is recommended that the new staffing levels be applied by each department as soon as possible.

被建议执行的是新的人员编制由每个部门尽快采用。

这个被动句包含 17 个单词，而写成主动句是这样的：

We recommend that each department applies the new staffing levels as soon as possible.

我们建议每个部门尽快采用新的人员编制。

改成主动句以后，句子只包含 14 个单词。被动语态有削弱个体责任的倾向：

I recommend...
我推荐……

是个人意见，而

We recommend...
我们建议……

是经由公司同意的，但

第三章　好的写作风格

　　It is recommended...
　　建议……

是没有归属的。

　　然而，对于技术规范而言，使用主动语态有很充分的理由。分配责任通常是由指示语来实现的。使用主动语态时，人员的姓名或职位在句子开头出现，使用被动语态时，它们在句子结尾出现。任何句子开头的几个单词都比后面的单词具有更强的强调作用。于是，主动语态中，强调就被放置在界定责任人的那些重要单词上。

　　值得一提的是，被动语态有一个副作用。从主动式陈述到被动式陈述的转换过程中，句子很容易给说话者原本要表达的有限含义赋予具有普遍意义的重要性。比如：

　　I believe that...
　　我相信……

使读者了解的是"我"自己的意见，而

　　It is believed that...
　　人们相信……

暗示很多人认同"我"的看法。当

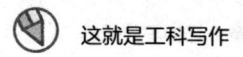
这就是工科写作

I cannot accept the idea that...
我不接受……的观点。

变成了

The idea is unacceptable...
……这种观点不被人们接受。

这时候，显而易见，全世界都是站在我们这边的。

实例演练 3.2　主动语态和被动语态

下面这篇文章采用了被动语态。把这篇文字改写成主动语态，然后比较这两个版本。思考这个问题：这段文字的意思和强调要点是如何通过主动语态的使用改变的？

The correct running and maintenance of the machine was Jim's responsibility. When it failed to function correctly, there was an investigation by the manager, who found that regular maintenance had not been carried out, but that the records had been completed as if all the requirements had been met. The machine was seen to be functioning at well below capacity, and, as the guard had not been positioned correctly, there was a risk to the operative. Jim was reported

第三章 好的写作风格

by a colleague to have been ill at the time.

（参考译文：该机器的正确操作和维护是吉姆的责任。机器不能正常工作时，调查工作由经理进行，经理发现定期维护没有执行到位，但是，记录却已经被填写完成了，仿佛所有的要求都得到了满足。该机器被视为在远低于其容量的情况下工作，防护装置也没有被正确放置，这对技工有风险。吉姆被一位同事报告说他当时生病了。）

现代写作风格则更倾向于使用主动语态。不过，规则不是绝对的，好的写作风格基本上就是适合于相应场合和读者的风格，当然，也是适合于公司规定的风格。

标记、符号和缩写

"礼貌"也要求作者帮助读者理解文件中可能引起混淆的内容。标记、符号和缩写都有可能产生歧义，作者应该再次提出一系列的问题：

- 我会在文件中使用技术性（或其他类型的）标记、符号和缩写吗？
- 我能适当期待读者正确地领会这些标记、符号和缩写吗？
- 我应该在文中提供一些指导建议吗？比如我是否应该对相关标准举例说明？

083

- 附上术语表对读者会有帮助吗？
- 我使用的缩写前后一致吗？是否遵循了习惯用法（例如大小写字母的用法）？

作者可以从别人那里获得指导建议，读者常常也是需要帮助的。缩写的解释说明有一种传统的做法。人们在文中第一次使用缩写时应在缩写形式后面把术语的完整形式在括号里写出来，之后缩写便可以独立出现。如果有必要，完整形式偶尔也可以在合适的位置再一次出现，比如在每一章的开头。对于书籍或技术性文章，这样的做法是合适的；但对于报告，它就没那么有用了。报告的读者可能不会从头到尾按顺序阅读文件——实际上，一些读者可能只需要阅读报告的某几章内容而已。作者可以在报告后面附上术语表，以字母顺序列出各种缩写，读者可以在阅读到文本的任何位置时查阅缩写的意思。如果文件篇幅很长而术语只使用了一两次，作者可以每次都把完整的术语写出来，而不是让读者去查阅它们的释义，这样会更便捷一些。附上术语表还有另外一层好处：如果读者熟悉某个缩写，他们就可以不去管这份术语表；而对于不熟悉这些缩写的其他读者来说，如果必要，他们可以多次使用术语表查阅缩写的意思。术语表必须在目录中列出来。

第三章　好的写作风格

数字材料

度量单位和编号也要遵循惯例。作者可以遵循本国标准或采用国际标准单位，也可以遵守工程机构提供的指导建议。有时候，某些习惯用法可能会造成混淆。比如，字母"m"常被人们当作单位"mile"（英里）的缩写，但它其实是单位"metre"（米）的缩写。

优先使用阿拉伯数字而不是罗马数字。如今，读者大多不能轻松识别或理解罗马数字。数字应始终以三位数字为一组（比如"674 320"，千位与百位之间以空格而非逗号隔开——除非涉及金钱）。用句点"."表示小数点是最容易识别的形式。国际标准单位 SI（国际单位制 International System，源自法语 Système International）的现行规定建议，度数与温标之间不使用空格，如"30℃"；数字与度量单位的缩写之间要留一个空格，如"30 mm"。

英语中，数值小的数字（数字 1 到 10），通常写成单词形式；数值大的数字则以数字符号形式呈现。这一惯例应谨慎遵守，实际运用时会有各种各样的例外情况。概数总是以单词形式来呈现的，比如"about a million miles"（大约 100 万英里）。如果同一文本中有很多数字，其中既有数值大的也有数值小的，那么，用数字形式表示数字看上去更舒服。句子的开头不要用数字符号，如果一定要以数字开头，则以单词形式来体现这个数字；如果有必要，最好改变这个句子的语序。作者最好基于对文本上下文的判断决定如何呈现数字，并将读者的阅读体验放在心中最重要的位置。

工程师的写作还会涉及数据组、体现数据组的图表以及方程；

作者可能也需要描述文件中使用到的数学模型。

数据组

数据组以一长串数据或以数值表形式呈现的情况最为常见。

作者在选择以怎样的方式呈现数据组时，评估读者与作者自己在后面的篇幅中如何使用数据组是非常重要的。比如，一系列实验对应的数据组可以分开呈现也可以组合起来呈现。如果作者希望在正义部分对某一实验的不同轮次进行探讨，那么分开呈现各轮次的数据就是非常必要的。正如任何图表一样，每个数据表都需要一个编号和一个标题以便识别与参考。

有时候，我们也需要把原始数据以及根据它来制作的图表和示意图都放入正文。同所有技术写作一样，方便读者是至关重要的。比如，我们可以先介绍图表并解释其用途，再将图表放入正文，然后把数据列表放在附录里，以供需要详细研究的读者使用。这样的做法是明智的。

形成模型与公式的呈现

作者应该用从原始数据中收集而来的信息创建数学描述，比如一组公式。这种数学描述通常被称为一种模型，反映作为研究对象的系统的整体情况。作者在描述这样一种模型时纳入考虑的一些影响因素必须以毫无歧义的形式呈现出来，而且书写这些公式时必

第三章 好的写作风格

须清楚地规定每一个变量代表着什么。这两条写作规范可以一并实现，如下述示例：

> 基于去年的数据信息，我们认为，如果烤箱 A 的价格是 x 英镑，售卖 n 个烤箱所获得的利润为 p，那么 p 的数值可以通过公式 $p=n \times x \times 0.67$ 求得。
>
> 要注意的是，这个模型假定了利润仅仅因价格和销售数量而定。其他因素，如商品的可获得性或者竞争对手的产品的售价，都没有被考虑进去。

这个例子中，正文定义了各个变量，对于该模型的局限性也做了清晰的说明。读者能看到该模型的用途是明确的，那就是计算销售烤箱赚取的利润。

使用公式编辑器

很多文字处理软件包都内置了允许呈现数学内容的公式编辑器。每一种文字处理软件包都有其特性，试验和出错往往能够帮助作者熟悉各种软件包的适用范围。最重要的局限可能在于，虽然格式化公式的软件包能让作者写出一个看上去完美的公式，但电脑会把它视为一个插入文件的独立对象，这会导致一些页面出现设置问题，比如，某些位置行与行之间不连贯（虽然这可能会使文字与公式之间有更好的交互）。文本中含有数字信息时，人们最常使用的排版系统是 LaTeX，不过，微软的公式编辑器也非常有用，后者可以免费从网上下载。使用 LaTeX 操作多行数字推导之间的对齐和处理分页要比使用 Word 简便得多。行间公式是正文的一部分，自立公式单独显示一行且带编号。这两种公式后面都要加标点，就像句子的普通组成成分一样。也就是说，以公式结尾的句子后面要加句号。这在 Word 软件里会比较难操作。Word 会将公式后面的那个单词首字母大写，因为 Word 假定这里出现了一个新句子。LaTeX 则非常灵活，方便我们在文中适当的位置置入计算公式、图表等。不过，你可能还是需要在复印件上做最后的检查，看一看公式是否都准确地呈现出来了，这样你才会比较放心。

总的来说，对于使用公式编辑器经验不足的人来说，微软 Word 编辑器较容易上手。但是，LaTeX 呈现的最终效果更精致，而且 LaTeX 的使用帮助可以在线免费获取。

任何数学语境中都应该谨慎使用"then"（然后）和"therefore"（所以）这样的词语。在上下文是数学符号情况下，"then"可以用来将条件和结果区分开来，"therefore"可以用于任何语境体现逻辑联系。但是，在数学论证中使用一长串的"therefore"不是得体的写作风格。这就像我们在描述一系列事件时使用一连串的"then"，是非常生硬的。

第三章 好的写作风格

使用例子

有时候,作者可以使用例子或简单的类比,这能够帮助读者理解较难的概念,文本的效果由此得以增强。使用例子有两条规则:一是例子的难度必须适合读者;二是例子必须能够被读者广泛地理解。作者的观点如果表达得足够清晰,不应使用例子过度解释。与文本融合的类比帮助读者理解文本的观点,也会使文本更有活力,给严肃的主题带来一抹轻松愉悦的色彩。正如下面这个从见习工程师的论述文中节选的例子:

> 连续倒塌的问题可以比作多米诺骨牌的倒塌。当一个多米诺骨牌变得不稳定而倒下来,它注入相邻骨牌的推动力将引起更进一步的不稳定。这种情况将一直持续至整个多米诺骨牌序列倒塌。我们对于这个不稳定波动传播所需的条件进行了评估(此处需要附上参考文件)。很明显,如果多米诺骨牌的间距 I 比它的高度 L 的值要大,一个多米诺骨牌的不稳定不会对下一个骨牌造成影响。如果多米诺骨牌的相邻距离很小,倒塌产生的波动前行一段有限的距离就会停下来。这个事实却没那么明显。倒塌波动的传播是由储存在直立的多米诺骨牌中的潜在能量的释放来推动的。如果没有这种能量,倒塌就会被摩擦力阻止。在建筑结构中,故障可能灾难性地延续发展,正如伦敦罗南角公寓爆炸事件,某个故障以多米诺骨牌的方式传播到了整幢建筑。

在这个段落中,作者将他使用的例子延伸到了明显的事实之外,然后在前文提到的多米诺骨牌倒塌的基础上开始探讨主题——建筑物的连续性倒塌。这里有一个潜在的问题:虽然这个例子很好,不过它只在读者熟悉多米诺骨牌的情况下管用。作者必须谨慎使用那些看似在一种文化语境中明确而对其他文化语境中的读者没有帮助的例子。

参考文献

参考文献的一种常见形式是将引用书籍或文章的作者姓名和作品出版日期在括号中注明(哈佛注释体系);另一种如今比较罕见的形式是,给每一个参考项标注一个上标,或在方括号中注明参考项编号。尽管人们容易分不清上标与其他数字(比如公式中的数字),但这两种形式都是可接受的。无论选择哪一种形式,作者始终要在文末提供完整的书目细节。

呈现这些信息的规范各有不同。如果所在机构没有规定标准格式,那么,明智的做法是查询作者所在知识领域的核心期刊,并遵循它们使用的格式。已出版的规范指导书非常有参考价值。强烈推荐 MHRA(Modern Humanities Research Association,现代人文科学研究会)规范指导书的最新版本。虽然用了"人文"这个词,但这本指导书在技术人员中也得到了广泛应用。网上有这份指导书的资源,可以免费获取。毋庸置疑,所有参考文献都应正确无误、前后统一。

第三章 好的写作风格

现在还有另一种类型的参考资料，那就是从互联网上获取的资料。在线文章和电子书的信息应该尽可能地与其印刷版相同。尽量把所有能获得的信息记录下来，不仅要包括作者（如果能获取相关信息）和标题，也包括对应的DOI①或URL②。对于URL，哪一天访问阅读该材料很重要，比如"<访问于2017年2月1日>"；对于DOI，因为它是一个不会变化的参考项，日期就没有那么重要。对于在线的技术资料，大家更常使用DOI。参考项常用"<"和">"括起来，作者应该检查格式是否准确，英文要记得区分大小写。如果合适，除了参考文献，作者可以附上该页面的屏幕截图作为附录，这也会有所帮助。

标明不属于作者的信息来源当然是一种"礼貌"，是好的写作风格重要的一部分。剽窃——使用别人作品中的信息却没有注明原始作者——既不道德也不合法。专业学者把自己的事业（当然还有升迁）建立在他们的研究以及研究产生的知识产权之上，使用这些作品却不注明来源是一种盗窃行为。参考文献应按惯例注明材料来源，也显示出作者的正直。记录要在文中引用的任何资料或要在文中提及的研究始终是值得去做的事情。作者要在找到这些资料的时候进行记录，否则以后可能很难记起来它们来自哪里。

有时候，所谓的引述不是逐字逐句地引用，而是把观点进行阐释，只改动原材料的一些字。这仍然是剽窃。如果"再次使用"的

---

① DOI：Digital Object Identifier，即数字对象唯一标识。
② URL：Uniform Resource Locator，即统一资源定位器。

内容超过原材料的百分之十,这种引述就是剽窃,也就是盗窃行为。改述时,作者必须重新思考该段落的中心思想,然后用不同的话进行表述——仍然要谨慎小心地标明原文出处。当然,有一些特别的单词和短语不能改变,因为没有其他方式来表述其精确的技术性含义,这些单词和短语应该保留,但仍要标明原文出处,表明作者无意剽窃。

具有可读性的风格

尽管遵循了所有建立好的写作风格的规则和准则,工程师们有时仍然会感觉他们撰写的文件并不流畅。好的写作风格包括措辞得当和段落有节奏感。有些多学科的作者会自然而然产生这种感知,不过对其他人来说,这种感知不是那么容易获得的。我们即使达不到优秀文学作品的水平,但意识到写作风格可以通过一些方式得以提升也非常重要。作者可以大声读出自己的作品并批判地听,这是一种很棒的提升写作风格的方法。我们听自己的作品时,那些重复的地方、差劲的句子结构或生硬的段落结尾常常变得很明显。比如,一个句子结尾本来是 "beyond the writer's reach",但是 r 这个音重复了,听上去不好听。我们可以稍微改动一下,改为 "beyond the reach of the writer",文章风格瞬间得到提升。下面给出的两个真实案例都是从工程师的写作内容中截取的,它们展示出我们可以如何提升写作风格:

第三章 好的写作风格

The problem was exacerbated by the existence of unclear perceptions by those engineers involved in the project of who the client really was.

问题更加严重是由于参与项目的工程师对客户的真实身份没有明确认知的存在。

如果大声读出这句话,就会发现句子中重复出现的"by... of"(由于……的)结构很别扭。单词"exacerbated"(严重)和"existence"(存在)存在第二个层次上的重复——发音重复;两个非常抽象的词语"existence"和"perceptions"(认知)的使用导致了更严重的问题。这个句子的结尾非常苍白无力,一串短词跟在一长串较长的复杂词后面会使读者有一种扫兴感,"really"(真的)这个词也没有什么实际意义。

这句话中要处理的第一个问题是两个抽象词语。"existence"的意思是某样东西是什么,"perceptions"的意思是人们(工程师们)看见、理解了什么内容,或者没有理解什么内容。一旦简化了这个部分,以简单的"made worse"(更糟)取代长单词"exacerbated"(严重),重复现象就会消失不见。将混乱一堆的单词去掉之后,这句话简短表述为:

The engineers involved in the project were unsure of the client's identity. This made the problem worse.

参与该项目的工程师不确定客户身份,这让问题变得更糟。

第二个案例更复杂：

We would recommend that the complete landlord's submains cabling system is tested with insulation resistance tests results noted for each cable in a schedule with a basic schematic drawing.

我们会建议测试完整的业主的次级布线系统并使用每个布线都附有基础原理示意图的绝缘电阻测试结果一览表。

如果大声读出这个句子，问题很快就显现出来了。句子应该在哪里停顿呢？我们也许可以选择在"tested"这个单词后面放一个逗号，但是"insulation resistance tests results"读起来还是很困难。这真是令人讨厌的名词集合，它们不能形成一个清晰的意群。即使实际上做了不止一个测试，"test results"似乎也比"tests results"更自然。这个句子可以分成两个独立的部分：作者推荐进行"tests"，提醒注意的是"results"。这意味着这个句子需要两个句子来表达。这个句子还有一些细微的可以改进之处，比如应使用"we recommend"（我们建议）而不是"we would recommend"（我们会建议）。后者听上去有些犹豫不决的感觉。单词"complete"（完整的）指的大概是系统，而不是业主。改动之后，这句话变成了：

We recommend that the landlord's complete sub-mains cabling system is tested. The results of insulation resistance

第三章 好的写作风格

tests should be noted in a schedule, together with a basic schematic drawing.

我们建议测试业主的完整次级布线系统。应在一览表中注明绝缘电阻测试结果，同时附上基础原理示意图。

改过后的句子无疑更易阅读和理解。

结构和强调

好的写作应避免使用抽象的表达。好的写作应是直接、不复杂的。由于书面文字没有重音以示强调，所以它必须清晰、精准且有逻辑。书面文字也需要多样化。有些段落开头的句子以"First we..."（首先，我们……）、"Next we..."（然后，我们……）、"Then..."（然后……）、"Then..."（然后……）开始，我们可能都读到过这种令人讨厌的文字段落。若是以相同单词开头的句子超过两句，这些句子听上去就会单调无味，开头苍白无力，读起来也会有同样的问题。比如"Anohter example is when..."（另一个例子是……）或者"There are two examples of this and these are..."（有两个这样的例子，它们是……）若能适当考虑到文字的多样化，作者通常会写出更有趣、更令人振奋的句子。

技术写作容易变得杂乱无序，比如主要观点置于次要信息之后，读者必须读下去才会知道主题究竟是什么。下面举一个语句极其混乱的例子：

095

Bolted to the stub shaft is the drive gear for the camshaft and bolted to this drive gear is the engine flywheel.

用螺栓固定在短轴上的是凸轮轴驱动齿轮，固定在驱动齿轮上的是发动机飞轮。

如果把每一个部分翻转过来，这个句子就更容易理解一些：

The engine flywheel and the drive gear for the camshaft are bolted together, with the drive gear also bolted to the stub axle.

凸轮轴的发动机飞轮和驱动齿轮用螺栓固定在一起，驱动齿轮也固定在短轴上。

一般来说，句子最好以关键内容开头，这样可以获得最佳的强调效果。我们可以在下面两个句子中看出强调效果的差异：

It will be the end of the week before the process is complete.

周末将要来临在生产完成之前。

The process will be complete at the end of the week.

生产将于周末完成。

有时,"urgent"(迫切)、"essential"(必不可少)或"dangerous"(危险)这样的关键词给出了信息正确排序的线索,这样的单词应该放在句子开头的附近;否则它的冲击力将被减弱,就像下面这个真实案例:

Due to the lack of resources, corners could and would be cut and this would result in dangerous practices being carried out.
由于缺乏资源,这些尖角可能以及将会被切去,这将导致危险的操作被实施。

句中有两处苍白无力:一是句子开头的"due to"(由于),这个词组几乎总是意味着信息结构不良;二是句中的"dangerous"(危险),这个单词表达的意思非常强烈,不应被隐藏在句子三分之二的位置。简短而又井然有序的写法可以产生更大的冲击力:

Dangerous practices could result from the lack of resources.
危险操作可由资源匮乏导致。

有些单词最好避免使用。技术写作中,最常见的单词可能是"done"(完成),比如"the experiment was done"(实验完成了)。"done"紧跟在名词"split"(划分)后面,然而使用动词"divided"(分开)更合适。当然,如果指的是"split the atom"(分裂原子),

这就是工科写作

还是应该使用"split"（分裂）。我们在一个工程报告中找到了一个能反映这两种情况的真实例子：

> The split of the system was done in two parts.
> 系统的划分分成两个部分完成。

这句话可能只是这样的意思：

> The system was divided in two.
> 系统划分为两部分。

或者，可能是这样的意思：

> The division of the system was carried out in two stages.
> 系统的划分分为两个阶段进行。

如果是正式的技术写作（比如报告），那么写作中不可加入个人评论。个别情况下，作者对某些事情产生了特别强烈的感觉，似乎无法抛开这些感觉，然而对于读者来说，加入作者的个人感受是不恰当的做法。一位见习工程师这样写道："我认为创建这两种界面非常有趣也非常有挑战性。"一份公司文档中有这么一句话："生产工序被耽搁了是因为公司派我去参加一门课程。"如果有机会，你可以跟管理人员谈一谈这些观点，但不能将这些内容写进报

第三章 好的写作风格

告。写作应该是客观的，不要加入任何表露作者情绪状态的评论性话语。

在撰写报告的每一个阶段，作者都应该牢记该报告的目的。一般来说，报告应该避免使用"we / us / our"（我们 / 我们的），也几乎不使用"I / me / my"（我 / 我的）。话虽如此，有些情况下，使用这些词又是合情合理的。比如，如果你在给直属上司写一份关于自己挂职去其他部门做入职培训的报告，为了避免在报告中直接称呼自己而将自己写成"the writer"（该作者）会让读者感到尴尬、困扰。但是，如果一份报告的重点就是一个人的实践经验，那么，为了作者和读者方便，任何有关报告必需维系正式性的规则都可以打破。

关联词与短语

读者需要受到鼓励，尤其是文章巧妙架构的鼓舞。关联词和关联短语体现了句与句、段落与段落之间的逻辑关系，引导读者阅读整份文件；它们也能帮助作者使行文流畅。"at the same time"（同时）、"on the other hand"（另一方面）、"meanwhile"（同时）、"bearing this in mind"（基于这一点），以及正确使用的"however"（但是）这些词和短语可以引出下一阶段的论证。有些关联词在帮助行文流畅的同时还增加了强调的意味。比如，上文中有一个例子是关于工程师和客户的，如果那句话加上一个小小的单词"even"（甚至），读起来就会通顺很多：

Even the engineers involved in the project were unsure of the client's identity.

甚至连参与这个项目的工程师们都不确定客户的身份。

实例演练 3.3　关联词与关联短语

经许可,本实例演练采用了一个真实的例子。本实例中重新编写了上文那份见习工程师关于渐进式故障的文字材料,省略了逻辑连接词和短语,使这段文字材料读起来不流畅,让读者难以理解其中的信息。试着给这段文字添加一些词和短语,使这段文字材料的效果得以改善。本书在附录中给出了原始版本,与之进行对比,你会发现这份文件变得更易读,阅读体验也变得更好。

Structures which are highly optimised and operate at a high proportion of their ultimate load are most at risk from progressive failure. Obvious examples of this kind of structure are aerospace structures. Much attention has been paid in the design of airframes to ensuring fail-safety. Airframes have to have as low a weight as possible and are optimised to ensure that no part is larger than necessary. A variation from the assumed load pattern could have a serious effect on members close to the site of damage. Local damage would have this effect. Allowance must be made for this eventuality. Fail-safe or damage-tolerant design will remain serviceable after having been

第三章　好的写作风格

redundancy. When damage occurs, there are a number of other number of other members which can carry the extra load.

（参考译文：高度优化并在高比例的极限载荷下操作的结构最容易有渐进式故障的风险。显而易见的例子是航空航天结构，很多注意力被放在机身的设计上以保障系统可靠性。机身必须尽可能有着很轻的重量，并且进行优化以保证没有任何部件大于所需尺寸。假定负载模式的变更可能对距离受损部位较近的部位有严重的影响，局部的损伤会有这种影响，必须考虑到这种不测事件。系统可靠性设计或伤害承受设计在受损后仍应能够使用。损伤发生时，还有其他很多部位可以携带额外的负载。）

具有说服力的风格

关联词与关联短语还为另一目的服务。它们不仅可以使文章更具有可读性，还增加强调效果，将读者的注意力吸引到文本信息最重要的部分。它们与之前讨论的准则（把关键内容放在句首）结合在一起，使读者能够在考虑到所有论据的同时充分阐明理由。下面这个实例演练能够让读者亲眼看到这样的效果是如何产生的。

实例演练 3.4 具有说服力的风格

以下是六条关于轮班工作的信息。先用这些信息写一段话，假定自己非常赞成轮班工作，并且试图说服同事轮班工作非常有价值，当然，也不要忽略对立面的论据；然后再写一个版本，你这一次要强烈反对轮班工作，使用与第一段话一模一样的论据，使其他人相信轮班工作非常有破坏性；最后，第三个练习是使用相同的信息进行中立、客观的写作。在写这三段文字的时候，你要用到上文讨论过的两个技巧：注意文字顺序以及使用关联词与关联短语。

1. 轮班工作让你有机会在一个有针对性的小团队工作。
2. 有人提出，轮班工作会导致长期健康问题。
3. 轮班工作使你的工作多样化也让你承担个人责任。
4. 轮班工作使正常的家庭和社交生活难以实现。
5. 轮班工作可以让你获得额外的假期和金钱。
6. 轮班工作使你在工作中远离决策者，也让你在需要帮助时难以获得帮助。

第三章 好的写作风格

小 结

- 好的写作风格是满足读者的需要。
- 好的写作风格有三项基础原则:准确、简洁、清晰。
- 一般情况下,报告使用被动语态;但是在必须强调责任人的时候,请使用主动语态。
- 呈现标记、标志、度量单位和缩写时,要遵循国家标准、国际标准或专业领域的惯例。
- 所有表格、统计表和图表都必须配有编号和标题,以便读者参考。
- 使用公式编辑器时,请检查信息呈现是否准确;如有必要,打印文件并检查纸质版的信息呈现是否准确。
- 明确每个等式的用途,并解释每个变量代表什么。
- 精心挑选的例子能帮助读者理解内容,给文本带来生命力。
- 参考文献应该展示全面且精确的书目信息,形式上应该前后统一。
- 尽量避免使用抽象的单词。对读者来说,简单直接的语言总是更加容易理解。
- 批判地聆听自己的文字。
- 关联词与关联短语引导读者阅读整份文件,使行文更加流畅。

第四章 词汇

Writing for Engineers

有人喜欢文字，有人喜欢数字。然而令人难过的事实是，喜欢文字的人鲜少喜欢数字，反过来也是如此。工程师们常常对数字充满感情，为了成为工程师，闯过了一系列数学类的考试，却常常感到文字似乎在故意与他们作对。所以，他们对于写作连续的散文感到担忧，渴望能够写出浅显易懂的公式。

词汇选择

在英语中，词汇其实是很难的。英语单词的拼写方式千奇百怪，单词的发音常常与拼写相去甚远。有些单词可能读音相同，但意思截然不同，而且这样的单词特别多。我们使用的语言有着丰富的近义词（有着差不多意思的不同单词），这是一大优势，不过这也暗藏着一个难题：我们在写作中应该选哪个词来用比较合适呢？

这个问题的答案可以分为四点，我们应该选择使用这样的单词：

- 读者能够理解的单词；
- 人们熟悉的但又不老套的词语；
- 准确的词语；
- 文件主题允许范围内尽可能简洁的词语。

  人们有时会忽略第一点内容。工程师通常是面向一个广泛的受众写作的，但并不是所有受众都具有与作者同等程度的专业知识。开始撰写任何文件之前，作者首先要提出一些问题，其中要有一个问题考虑到目标读者的知识和经验水平。大多数读者是否能够理解文中使用的专业术语？如果读者理解不了，而且不能得到即时的帮助，他们很快就会对作者和文字内容感到恼火，甚至不再继续阅读。当然，过多地阐释也存在一定风险。读者可能会觉得作者在以高人一等的态度对待他们，一样也会很快感到恼火，也有可能不再继续阅读。虽然读者与作者具有的专业知识程度常常不对等，但是，判断文中做多少阐释较为适度并保持前后统一，这就是作者的工作了。

  在大多数技术写作中，摆脱这一困境最好的办法是增设一个术语表列出专业术语和缩略语——有一些读者可能不了解这些词的含义。在报告和技术规范中，这类术语表很常见，对于有需要的读者来说非常有帮助。只要在目录页清晰地列出术语表，读者就可以查阅那些他们不懂的内容。同时，术语表也不会妨碍那些具有相应专业知识的读者，他们完全可以忽略术语表。在较短篇幅的文件中（比如邮件或技术说明），作者可以写出术语的完整形式或者添加简短的解释性说明，这样接收方看到内容时便不会茫然不知所措。

第四章 词汇

英语是具有国际性的语言

有些技术写作的读者群更加广泛，作者面对的可能是国际范围内的读者。在世界范围内，很多工程师接受的是采用英语授课的技术培训。整体而言，专业术语不会造成那些"简单"词语造成的难题。造成难题的其实是以英语为母语的人在口语中使用的词汇、短语或那些涉及西欧本土文化概念的词汇或短语。比如：

"letting off steam"（放掉蒸汽/释放压力）：对于不熟悉这个习惯表达的人来说，它似乎与老式铁路引擎有关，而不是与有压力的工程师有关；

"bank holiday"（银行休业日/公共假期）：这个习惯表达字面上暗示这一天是银行休业的日子，而不会让人联想到公共假期。

对于基本不说英语的读者，相同的原则同样适用。作者应避免使用"本土的"表达，应尽可能地表现对读者阅读体验的体察，不用没有必要的复杂表达。比如，"on no account do this"（绝不要这么做）可以简洁清晰地用"do not do this"（不要做某事）来表达。

然而，如果表达某个意义的准确词语或表达方式只有一个，但它比较罕见或比较复杂，作者也必须使用这个词语或表达方式。我们不能为了熟悉度牺牲准确性。遇到这样的情况，添加注释可能比较合适，如果有说明性的图表就更好了。基本上，插图比大段大段的文字解释更容易得到广泛的理解。作者应该有读者意识，始终记住这些工程信息有时会被翻译成其他语言，给译者的工作增添难度是没有任何意义的。

这就是工科写作

美式英语

很多工程师在美国企业或跨国企业工作,有一点要记住,那就是国家之间语言通常不能通用。拼写上的差异是众所周知的。比如,"color""traveling""center"①这样的写法在美式英语中是可以接受的,因此电脑里的词典也会把这样的拼写形式固定下来。用电脑检查拼写时,工程师应根据需要将语言类型设定为英式英语(English UK)或美式英语(English US)。同一词语表述的意思不同时,会出现更多的问题。英国的加仑(gallon)比美国的加仑要多六分之一;药剂师在英式英语中是"pharmacist",在美式英语中是"druggist",然而在英国和美国这两个国家,"chemist"(也有药剂师的意思)一词都可以指专攻化学的科学家。自 1970 年起,大西洋两岸就确定"a billion"(10 亿)是"1000 million"(1000 个百万),然而世界范围内并不尽然。在世界上有些地区,"milliard"(10 亿)这个词用来表示"1000 million"(1000 个百万),"billion"这个词用来表示"a million million"(100 万个百万),这也是这个词从前在英国的用法。英式英语中的"ground floor"(一层)现在仍然可能会引起误会,美式英语中用"first floor";美国会议中,"to table a motion"是"把争议搁置在一边",而英式表达是完全相反的意思("提出动议")。唯一的指导原则是,如果你发现自己在和美国同事争论,你要确保你们是为了某一主题而争论,而不是因为语

---

① 英式英语中,这些词分别写作:colour、travelling、centre。

第四章 词汇

言上的差异产生了分歧。

模板也会造成一些问题：模板使用的语言可能是美式英语，如果一份英式文件中掺杂了美式英语，即使它事实上并没有误导读者，读者也可能会感到困惑。同样，将收到的文件加入现有资料之前，作者要检查这些文件使用了哪种形式的语言，这样做是非常有帮助的。

外来词与外来短语

英语同化了大量的外来词和短语。英语中也有一些词汇与短语尚未被同化，它们仍然是"外来的"。这些词汇与短语在英语写作中通常用斜体表示。以前，专业性的文章有很多这样的用法，尤其常在出版发表的文章的参考文献中应用（例如"op.""cit."和"ibid."）。现在很多人不理解这样的用法，认为这种用法浮夸不实又显得傲慢自负。除非有充分的理由，或是这种"外来的"表达被人们广泛接受，否则应尽量避免使用。你如果确实需要使用外来表达，要判断这种表达是否已经成为英语的一部分，是否仍然需要用斜体表示，实际使用中要保持前后一致。

英语前缀

前缀(加在单词开头的缀文)通常起源于外语,辨认前缀对于理解文章很有帮助。

"bi"意味着两个或两次(源自拉丁语),弄清楚这一点,我们就能更容易地理解某些单词,比如"bilateral"(双边的)、"bipartite"(两部分组成的)或"binary"(二进制的)。不过,有些前缀容易让人混淆,比如"ante"(在……之前)和"anti"(反对)、"hyper"(超过,高于)和"hypo"(在……下,低于)、"inter"(在……中间)和"intro"(向内,进入)。

> 📋 **实例演练 4.1　前缀**
>
> 判断下列每个词语前缀的含义,找出同样使用这些前缀的其他词语。
>
> ambivalent(矛盾的):
>
> homogenous(同质的):
>
> malfunction(故障):
>
> metabolism(新陈代谢):
>
> retrograde(倒退):

第四章 词汇

用词准确

技术写作中，词语的使用必须准确，读者必须理解作者为什么要以这样的方式使用词语。"准确"有三方面的内容：

- 用词精准地传递出作者想要表达的意思；
- 文本中出现的词语必须是作者想要使用的词语；
- 读者必须能够在上下文中识别相应的词语。

这几个方面的内容都会产生一些问题。

用词不准确通常是思考不清晰的结果。下面这个案例中，工程师在敲击键盘之前似乎没有考虑清楚究竟应该说些什么：

> The purpose of this email is to notify all company personnel involved with the Zero project of the present situation regarding outstanding items not delivered to the customer yet for one reason or another.
>
> 本邮件目的是通知与 Zero 项目有关的全体人员目前因某种原因尚未给客户发货这一未解决问题的状况。

由于没有能够确定要表达的信息，作者使用了一些不必要的、令人费解的表达。"The purpose of this email is to notify"（本邮件目的是通知），这部分文字的意思本身就是显而易见的。"尚未给客户

这就是工科写作

发货"本身就是"未解决问题"。"for one reason or another"（因某种原因）听上去就有些令人担忧，似乎所有事情都出了问题，但是它本身又没有任何实质含义。词与词之间联系松散，信息接收方的感觉就会像是在努力抓牢手心里的果酱，而果酱却从指缝中慢慢流出来。

作者首先应这样阐明信息：

> We've problems of late delivery on the Zero project. This is the current situation.
>
> Zero 项目遇到了延迟交货的问题，这是目前的情况。

邮件是此次沟通的方式，所以，邮件的主题可以这样写："Zero project：late delivery"（Zero 项目：延迟交货）。该邮件自然是发给相应负责人员的，这样写标题他们就不用再被文字告知自己是谁了。正文需要提供的内容只是一两句关于当前情况的描述，然后在结尾处给出一个合适的结束语，最后落款（电子邮件的格式请参考本书第二章第一节）。

写作中出现不合逻辑的现象，可能是因为作者没有做好写作规划。比如，下面这个例子中，有些词语传递了错误的意思：

> As the metal becomes harder and hence an increase in carbon content, the metal tends not to increase its reduction, but instead the area is less than a metal with less carbon.

第四章　词汇

随着金属变得更硬，碳含量随之增加，金属倾向于不提升收缩，相反，其收缩范围少于碳含量更少的金属。

这个句子潜在的问题是作者可能并不懂"reduction of area"（断面收缩率），它指的是金属的延展性。虽然作者试图把硬度与碳含量联系起来，但是没有考虑充分。金属硬度并不会——像句子暗含的意思那样〔"hence"（因此）〕——导致碳含量增加；更确切地说，事实与之相反，随着碳含量增加，我们发现硬度有所提升。"hence"这个词完全是在误导读者。"tends not to increase its reduction"（倾向于不提升其收缩）这个奇怪的表达方式也令人费解，尤其是"不""提升"和"收缩"这样的字眼相邻。这句话最后一部分可能在试着重申第一部分，但是作者对相关信息感到特别不安，从而无法在这个话题上清楚地表达。这句话可以这样简洁地表达为：

As the carbon content increases, so does the hardness, and at the same time the ductility of the metal is reduced.

随着碳含量增加，硬度也增加，同时金属延展性降低。

音近词辨析

英语中有很多读音相似，但拼写、意思全然不同的词语。如果作者匆忙落笔，可能很容易混淆一些词语，而这些词语在其他场合很容易分清楚。比如"stationery"和"stationary"，前者的意思是"信纸"，后者的意思是"固定不动的"；"principal"和"principle"，前者的意思是"首长"，后者的意思是"原理、原则"（比如工程学原理或道德基础）；"draft"和"draught"，前者的意思是"草稿"，后者的意思是"气流"。有时候，三个词之间也可能让读者感到困惑，比如"cite""sight"和"site"这三个词，它们的意思分别是："引用""视力"和"地址"。

（电脑自带的）拼写检查并不能帮助人们识别类似的词语混淆，反而可能会导致此类错误出奇地普遍，写出来的句子可能会有些滑稽。正如一个学生写的这句话：

> Diamond is tough and is covalent, but other chain polymers may be extremely week.
> 钻石硬度高，共有原子价，但是其他链型聚合物可能就极度"星期"。[注：原句将"weak"（不牢固的）写成了"week"（星期）。]

有些词的读音虽然不能说完全相同，但也几乎完全相同。人们很容易分不清"moral"和"morale"，前者的意思是"道德的"，后者的意思是"斗志"，是一种情绪状态；又比如"personal"和"personnel"，前者的意思是"个人的"，后者的意思是"全体人员"。类似这样混淆词语的情况在工程写作中经常出现，比如

第四章 词汇

"accede"(同意)和 "exceed"(超过)、"access"(进入)和 "assess"(评估)、"apprise"(通知)和 "appraise"(估量)。

accede = assent to(同意)
例:He acceded to my request.
　　他同意了我的请求。

exceed = surpass(超过;胜过)
例:He exceeded the speed limit.
　　他超速了。

access = entry(接近;进入)
例:access to the building
　　进入大楼

assess = weigh up(评估)
例:assess the capability of the machine
　　评估该机器的性能

apprise = inform(通知;报告)
例:apprised of the current situation
　　已获悉当前情况

appraise = estimate, consider the value of（评估；估价）

例：The position was appraised before a new appointment was made.

在做出新的任命之前，组织对该职位进行了评估。

"affect"与"effect"这两个词是常见的词义混淆的例子，这两个词稍微复杂一些。之所以会出现理解上的困难，是因为"effect"这个词既可以是名词也可以是动词，同时也是因为很多人不能清楚地发出这两个词的读音，可能这是因为他们也不确定究竟是哪一个吧！"affect"是动词，意思是"对……产生影响"，例如：

Studying engineering to an advanced level has affected his job prospects.

攻读至高等工程学对他的就业前景产生了影响。

"effect"可以是动词，意思是"引起，使发生"，例如：

Study, hard work and experience combined to effect an improvement in his career prospects.

不断学习、努力工作以及实际经验这三者结合在一起使他的职业前景有了提升。

"effect"也可以是名词，意思是"影响"或"结果、效果"，

第四章 词汇

例如：

His overseas experience has had an effect on his career pattern.

海外经验对他的职业格局产生了一定的影响。

The effect of his hard work has been rapid promotion.

他工作十分努力，收获的结果是快速晋升。

其他一些词也常常给读者带来困扰，它们的拼写取决于实际应用。有些词的读音不同，这对区分它们有所帮助，比如"advice"与"advise"、"device"与"devise"；也有些词读音相同，比如"practice"与"practise"、"licence"与"license"。这几组词中，名词中使用字母"c"，而相对应的动词则使用字母"s"。例如：

I can **advise** you to study engineering, but will you take my **advice**?

我会**建议**你研读工程学，不过你会听我的**建议**吗？（注：前者是动词，后者是名词。）

He perfected a **device** for sounding the alarm but could not **devise** a way of ensuring that people would respond.

虽然他将**设备**进行完善以发出警报，但是他不能**设计**出一套方案以确保大家对警报做出反应。（注：前者是名词,后者是动词。)

如今,有些具有相似词源的单词已经发展出不同的含义:

disinterested = impartial, without prejudice(公平的,不偏不倚的,没有偏见的)
His opinion was disinterested and so of great value.
他的主张不带有任何偏见,因此有着极大的价值。

uninterested = having no interest in(almost bored)(对……没有兴趣,几乎感到无趣)
The students were uninterested in the subject and so made little progress.
学生们对这门学科不感兴趣,因此进步不大。

complex = involved, technically difficult(复杂的,有技术难度的)
The equations were too complex for the students to follow.
这些方程式对于学生们来说太复杂了,他们很难理解。

complicated = mixed up, difficult to untangle(迷惑不解的,很难厘清的)

The directions were too complicated to follow and so we got lost.

那些方向指示太复杂难懂了，所以我们迷路了。

还有这些词也常常令人困惑："imply"与"infer"、"deny"与"refute"、"expect"与"anticipate"、"continuous"与"continual"。

imply = suggest, hint（暗示，提示）

He implied that there was a problem.

他暗示这里面有问题。

infer = understand, assume a meaning（领会，假定某种意思）

We inferred that it was our responsibility to fix it.

我们推断，解决这个问题应该属于我们的职责。

deny = simply to declare that something is not true（宣称不是真的）

The suspect denied that he was at the scene of the crime.

嫌疑人否认他在犯罪现场。

refute = to prove that something is not true（证明不是真的）

The allegation was refuted and so the police had to start again.

指控被驳回，因此警方不得不重新开始。

expect = to think that something will happen in the future（认为将来会发生某事）

We expect to leave in time to catch the train.

我们希望能及时出发赶火车。

anticipate = to take action in the light of that expectation（根据期望采取行动）

We completed the work early as we anticipated needing to leave in good time.

我们预见到需要及时离开，因此提前完成了工作。

continuous = non-stop（持续不停的）

The fire alarm sounded continuously until everyone had left the building.

火警报警器持续鸣响，直至所有人都离开了那栋建筑。

continual = very frequent（频繁的）

The continual arguments from the next room were an irritating distraction.

第四章 词汇

隔壁房间频繁传来的争论令人心烦意乱无法集中精神。

在上述所有案例中，问题都是显而易见的，不过如何解决这些问题却没有明确的答案。撰写技术信息内容的作者必须意识到词汇的重要性，意识到有些使用方式可能会导致读者混淆词义；要注意单词的拼写和读音，在听和写的层面上仔细留心。单词的读音可能会对拼写有直接的影响，比如"failiure"拼写有误，因为在"l"后面多了一个"i"的音，如果听到了这个音，笔下就可能写出错误的拼写（拼写检查程序会检查出这种错误）；如果发音不准确，"presence"和"presents"这两个词听起来就是一模一样的；"maintainance"拼写是错误的，出现这种拼写通常是因为没有按照正确的"maintenance"发音。同大多数问题一样，批判性阅读有助于解决"词义混淆"。想要与文字和数字成为朋友的决心也会对解决这类问题有所帮助。内置"单词用法"功能的电子阅读器可以帮助我们正确使用词汇。

实例演练 4.2 词义混淆

找出下列段落中的错误。

The stationery vehicle was the principle cause of the traffic jam.

Motorists were advised to find a different route until the police could affect a solution to the problem. Later, some inferred that the authorities had been disinterested until the chief constable's car had been delayed, a charge that was strenuously refuted in their statement but was sighted next day in the papers.

（参考译文：静止车辆是交通堵塞的规范原因。警方简易机动车辆驾驶人员寻找另一条路线行驶，直至警方能影响解决问题的办法。之后，一些人推断政府在这一问题上是没有偏见的，直到警察局长的车被延误。该指控被极力驳回，但是第二天在报纸上仍看到了这项指控。）

同义词的选择

本章前面指出，英语中同义词尤其丰富。同义词是指意思完全相同或意思略微有些不同的词。但是，抛开辞典里的释义不提，一个单词能够带给人一定的感觉，我们几乎凭直觉知道在某个特定的语境中应该选择哪个词。"difficult" "hard" 和 "troublesome" 这三个词其实可以表示相同的含义，然而，我们不会在表述 "a difficult question"（一道难题）时用 "troublesome"，也不会在表述 "a troublesome toothache"（令人难受的牙疼）时用 "difficult"。

有些同义词会引起一些问题，因为这些词表达的意思虽然大体相同，但是它们隐含的意义却不同。"request"（正式请求）不同于

"a desire to know"（想要了解的愿望）或"a demand to know"（想要了解的需求）；演讲人可能更希望听众认为他"forceful"（有说服力），而听众可能会用"aggressive"（咄咄逼人）来形容他。选什么词取决于立场。我们选择某些词语不仅仅是根据它们表示的大致意思，也是因为它们具有某种隐含的意义。我们可能会对朋友的"determination"（决心）表示祝贺，而对对手的"stubbornness"（顽固、倔强）进行抨击；我们可能会犹豫要不要"recommend"（建议、推荐）采取某个行动方案，所以用"suggest"（建议、暗示），这样听上去语气更温和的词语；当然，如果出现了什么问题，我们可以声称这只是一个"suggestion"（小小的建议）。

词典的作用有限，它只是列出意思上的差别。用第二语言写作的人会发现，在写作中选择正确的词语是个巨大的挑战。如何应对这个挑战？唯一的答案是要长期修习，关注优秀的演讲者如何使用这门语言并保持敏感，不断从他们身上学习。

近义词辨析

根据语境不同，词语的意思也会有所改变。如果在词典里查"power"这个词，我们会发现它的意思非常广泛，可以表示这些含义：采取行动的能力、活力、能量、政府、个人优势、授权、显要人物、扩容，等等。作者必须确保想要表达的意思对于读者而言是清晰的。当我们说"six to the power of ten"（6 的 10 次方）、

"switching on the power supply"（接通电源）或"the power of a song to move the listener"（一首歌打动听众的力量）时，我们清楚地知道想要表达的意思；但是，如果我们说"we have the **power** to make a particular piece of information known"（我们能让某则消息为人所知），我们指的是"authority"（权力）还是"ability"（能力）呢？读者可能无法确定哪一种理解是正确的，我们必须明确使用这个词语的意图。

非正式的口语有时会误用一些词语，这些错误的用法在书面语中是无法接受的。"aggravate"指的是"使……变得更糟"（而不是"使……生气"）；"unique"指的是某物只存在这一种，而不是说这种东西是罕见的；"former and latter"是指两件事物的第一件和第二件，不会用于超过两件事物的情况，它的正确使用方法如下例所示：

> The lights and the steering need to be adjusted: the former can be done at once but the latter will take us a bit longer and so we will need the car tomorrow as well as today.
>
> 灯光和转向器需要调整：前者可以立即调整，但后者的调整需要稍长一些时间，所以，今明两天要把车留在这里。

也有其他一些词组常常被大家误用："number""majority"和"fewer"这三个词常常指的是一些客体对象或人们；而

"amount""greater/lesser part"和"less"这三个词或短语指的只是一个客体对象或一个人。例如：

There was a large number of delegates, and the majority favoured the new agreement. Fewer than a hundred objected.
代表人数很多，大多数代表赞成新协议，反对的代表不足100人。

There was a large amount of work still to be done, the greater part of which, on this occasion, had to be completed during the night. Fewer workers and less time will be needed in future.
还有大量的工作要做，这一次大多数的工作需要在夜间完成。以后需要的工人和工作时间就没有那么多了。

"表达准确"同时也意味着作者所选择的词语本身就是准确的。像"fairly"（相当地）、"quite"（相当）、"rather"（相当/或多或少地）、"to a limited extent"（在一定程度上）、"in due course"（在适当的时候）这样的表达给人一种模糊、犹豫不定的印象，而像"very"（非常）、"extremely"（极其）、"mainly"（大体上）和"substantially"（大体上）这样的单词，虽然听上去很重要，但其实也没有向读者传达准确的意思，比如：

> Our experiments were fairly successful and we are generally hopeful that we shall be able to make the results public in due course.
>
> 我们的实验相当成功,我们普遍希望能够在适当的时候公布实验结果。

这样的句子没有表达出什么意思。什么是"fairly successful"(相当成功)的?实验中的一部分吗?还是某些情况下?成功率是多少?"generally hopeful"(普遍希望)指的是所有人吗?还是只有大多数的人?大多数时间希望如此吗?那么究竟什么时候他们才不对此感到沮丧呢?"in due course"(在适当的时候)吗?是指下周,还是指明年?还是说最终某个时刻(如果我们幸运)?虽然我不能说这种词语和表达常常是无用的,并且永远不要使用它们,但是对于那些期待读到准确信息的读者来说,这种词语和表达可能会令人恼火。如果有可能准确地表达,那么就要准确地表达:

> We have been successful with 60% of our experiments, and provided there are no unforeseen problems, we shall make the results public within the next two months.
>
> 我们已经成功地完成了实验的百分之六十,如果没有无法预料的问题出现,我们会在未来两个月内公布实验结果。

第四章 词汇

如此，读者就能了解到准确的信息了。

工程类信息必须始终准确，作者也必须准确地传达工程类信息。缺乏准确性会产生严重的影响。工程师常常遇到这样的情况：技术术语使用正确，而技术性词语中间的一些小词却造成了歧义或误解。

In future, the company will need less skilled workers for the night shift.
今后，公司将需要较不熟练的工人上夜班。

In future, the company will need fewer skilled workers for the night shift.
今后，公司将需要较少的熟练工人上夜班。

作者想要表达的究竟是哪一种意思呢？第一句表达的可以是工人数量不变，但是这些工人受过的培训或经验相对较少，所以用"less skilled"（较不熟练）；第二句中，公司不再需要那么多工人，可能是因为他们是"highly skilled"（非常熟练的工人）。两句话有着显著的区别。"less"这个词描述的是技能的高低程度，"fewer"这个词指的是工人的数量。

下面的例子中出现了一个类似的问题，同样也是因为用词不准确：

这就是工科写作

Maintenance shall be carried out at regular intervals or where there is evidence of malfunction.

应定期或在有故障迹象时进行维修。

"at regular intervals"（定期）仅仅比"in due course"（适当的时候）所承载的意思多出一点点。究竟怎样才算定期呢？每十年一次吗？句子中的"or"（或）并不是真的意味着两种选项中的一个，而是指需要维修的另外一个原因。句子中的"where"这个词并不是一般用来表示某个地方的意思，而是"在……情况下"。我们在口语对话中常常混淆"where"和"when"，并不会造成什么问题；但在上面这个句子中，地点和时间之间的区别非常关键。这句话也许可以重新措辞，写成：

Maintenance shall be carried out at six-monthly intervals and whenever there is evidence of malfunction.

应每六个月进行一次维护，并且只要有故障迹象，就应进行维护。

正如上述例子所示，对读者来说，那些本身看似不重要的词语也能改变文章的意思。

作者不仅必须准确地使用词语，还必须保证词语准确地出现在文本中。这意味着要正确地拼写单词，而且打印出来的文件也要与作者想表达的内容完全一样。对于任何种类的文件创作过程来说，

第四章 词汇

检查都是相当重要的步骤，我们会在后面进行探讨。在当前这个阶段，我们要指出的是，没有检查的作品可能看上去非常奇怪。一个案例中出现了这样的情况：工程师手写了数据"50 ft"，但是笔迹非常潦草，最后，他震惊地发现这个数据在（没有做检查的）复制过程中变成了"soft"。

新词的拼写

英语的拼写对作者来说可能非常棘手，好在现在电脑拼写设备稍稍减轻了作者的负担。但是，正如我们所看到的，电脑拼写检查有其优势也有其局限性，桌上放本词典还是非常有用的。不管怎样，有一些单词还是会成为"漏网之鱼"，因为无论是对于电脑拼写检查还是词典来说，它们都太新、太过专业了。如果这些单词的使用频率很高，作者可以把这些词添加到电脑词典里，但是首先还是要检查它的拼写是否正确。不正确地添加单词会持续造成问题，这并不是闻所未闻的事情。

管理和现代科技领域都会产生新的词汇，也会将"老"词"新"用。其中有些词语的应用有限，而有些词语广为人知并得到广泛应用。例如，人们过去认为"mouse"（鼠）是一种毛茸茸的小动物，而现在，大多数人会很快地联想到在屏幕上选择对象或定义位置的设备"mouse"（鼠标）。有时候，现代发展会导致一些读音复杂的表达出现，比如"negative corporate worth"（企业负价值），

这就是工科写作

即附属公司隶属于较大企业的劣势。科技领域似乎比较青睐那些由短小简单的词组合而成的复合词,"workstation"(工作站)和"spreadsheet"(电子表格)就是两个例子。基本上,这些词不用连字号连接,除非它们看上去很奇怪或是很难辨别(比如,"real-life"就比"reallife"这样的写法更容易辨别)。句子里包含太多的连字号也会使句子变得令人无法承受。下面的句子就很难理解:

> This is network-transparent, operating-system-independent and portable... it promises to revolutionise high-end computing.
>
> (这个系统)网络透明、操作系统独立、易携带……它有望彻底改变高端计算。

如果不能确定这些新词如何拼写,作者要去查阅这个领域的核心期刊。核心期刊可能会给作者最好的指导。其他工程研究机构很可能早就遇到过相关的问题,很可能为这些单词在将来如何使用设定了标准。

由于英语是一门活的语言,曾经"错误"的用法可能会渐渐地为人们所接受。最常见的例子是"data"(数据)。"data"是复数形式,其单数形式是"datum"。但现在,"data"常常是作为单数使用的,因为 data 是一个集合词,就像"group"(团体)和"committee"(委员会)一样。但是,这种词语的发展变化至少在短期内不会影响到相似的词语,"strata"(层)与"criteria"(范围)仍然被视为复数形式（它们的单数形式分别是"stratum"和"criterion"）。

常见的拼写问题

老的词汇可能和新的词汇一样令人担忧，英语中有很多词虽然常见但是很难拼写。英语的拼写没有什么逻辑，现存的拼写规则通常存在大量的例外。唯一值得记住的规则是：除了在字母"c"之后，只要发音是"［i:］"，字母"i"在字母"e"之前。这条规则实际很有帮助，因为有很多单词遵循这个规则［believe（相信）、receive（收到）、height（高度）］，而例外情况相对较少［seize（抓住）、friend（朋友）］。你可以为非常讨厌的那些单词编一套记忆术帮助记忆；点子越是荒唐，就越容易记住单词——比如，"liaison"（联络）需要不止一个人参与，所以单词里面含有两个字母"i"。

"there""their"和"they're"三者常常容易混淆。要想记住前面两个单词有个简单的办法，那就是把"there"想成是"t-here"，因为"here"指的是地方，所以"there"指的也是地方；"their"的意思是"属于他们的"，不含有表示地方的元素，所以拼写中不含"here"。第三个是"they are"的缩写形式"they're"，这种缩写在技术写作时很少使用。

保持用语简洁

应该在上下文允许的情况下尽可能做到用语简洁。但是，有些作者似乎就是想让读者混淆。比如，下面这条参考指南的作者写到报告中的表格数量时就是这么做的：

Tables will be given successive decimal integer numbers of ascending value starting at unity.
表格将从数目一开始被赋予升值的连续十进制整数。

这句话的意思不过是：

Number tables sequentially from 1.
从一开始按顺序给表格命名。

实际上，读者几乎总是自然而言地假定命名"从一开始"，这个表达可以略去，原句的字数会大幅减少。然而，上面引用的句子在现实中确实存在，未经改动的原句代表了大多数工程类写作的典型形式。作者表达观点时不是简单直接地进行表述，而是通过堆砌很多单词把观点放在长句中，想要通过这种方式让人印象深刻。然而，这种方式导致文章的观感非常奇怪。类似做法最近的一种形式是把名词当成动词用。"impact"（影响）就是一个例子。在"making an impact"这个短语中展示的是这个词一般意义上的用法，即作

第四章 词汇

为名词使用，而在"staff shortages impacted output"（员工短缺影响产出）这种表达中，"impact"却是作为动词使用的。"task"也是一个例子。这个词通常是作为名词使用的，但在"tasked with a mission"（被委派了某一任务）这个短语中被用作动词。这个表达很有特点。最有趣的是，这个短语中的名词和动词可以互换，这个人也可以是"missioned with a task"（被指派承担某项任务）。实际上，这个短语的意思就是他得到了一份工作而已。

导致作者的用语如此华而不实又冗长繁复的原因多种多样。毫无疑问，其中一个原因是作者需要把不愉快、令人尴尬的信息隐藏起来，正如下面这个例子所示：

> Following our recent meeting, we feel we must put in writing what we believe to be the justifying factors leading to our proposed modest increases in costs.
>
> 在最近的会议之后，我们感到必须把我们认为导致我们所建议的适度提升成本的一些有道理的因素以书面形式呈现出来。

显然，作者是有些不自在的。无论应该放在书面文件里的内容是什么，事实上，这些内容是被作者省略掉的［文中使用的是"the factors"（因素），或者类似的表达］，作者勉强使用了一个不恰当的单词"modest"（适度）来让自己感到舒服一些。应该用谁的标准来决定是否"适度"呢？为什么公司会对"justified"（有道理的）

这就是工科写作

的提升感到有压力呢?作者的感觉和看法与当前的情况有什么关系呢?"recent"(最近的)这个单词的使用暗示着一定的潜台词:"我应该早一点来做这件事,如果把日期明确了会有些尴尬。"如果能开门见山地表达就好多了:

In the light of our meeting on 21 January, I confirm that we shall shortly raise our prices.
鉴于1月21日的会议,本人确认应立刻提高价格。

如果确实有必要说明为什么会发生这种情况,作者可以在这句话后面加上一句简短的解释。

作者之所以使用浮夸的词语,也是因为这些词语让人感觉它们比日常用语更有影响力。作者会使用"acquaint their readers with"(使读者了解)或者"advise their readers of"(通知读者某事)这样的表达,而不使用"telling"(告诉)或"inform"(告知)之类的词语。他们"render assistance"(给予协助)而不是"give help"(帮助);他们"subject to examination"(服从审查)而不是"examine"(测试)。他们"are in a position to undertake"(有能力承担)而不是简单的"can"(可以)或"are able to"(能够);大多数人"read"(读)文件,而他们"peruse"(研读);他们更倾向于使用"utilise"(利用)而不是"use"(使用)。这些词语既浪费大家的时间,又激怒了读者,而且没有给读者留下什么印象。这种充斥着自负的夸大用语可能会掩藏真正的信息。比如,工程师若是这样写:

The number of samples tested is important. If it is too small, poor results can be concealed or indicate erroneous behavioural characteristics.

测试样本的数量非常重要。如果数量太小，不良结果可能会被隐藏起来，也可能会显示错误的行为特征。

这就意味着，他没有对写下的这些内容做出充分的分析。如果样本太小，测试结果给出的是"false indications"（错误的显示），也就是给出了"poor results"（不良结果）。整个句子就成了一个循环，而整个句子背后的意思，其实可能是很明显的事实：

A sufficient number of samples must be tested before the result can be considered valid.

必须测试足够数量的样品，测试结果才能被视为有效。

避免过度简略的语言

技术写作中还存在一个问题，这个问题与"用语简洁"完全相反，那就是用语过度简略。这种趋势可能是出于一种值得称赞的用意，即不让读者淹没在夸大言辞的汪洋大海之中。上一小节中阐释过，作者要尽量使用简洁的语言。然而，如果用语过度简略，读者就很难快速、准确地识别文中的信息。比如下面这句话：

这就是工科写作

23/4/17 visit by SST to F6L to check crate loaders（CL）. Flooding had damaged 1 of CL beyond repair and shall be replaced ASAP. Other 11 to be serviced by month end（Reg 2C of F6L safety regs）.

23/4/17 SST 拜访 F6L 检查板箱装卸车（CL）。洪水泛滥使一辆 CL 损毁无法修理，应第一时间进行更换。其他 11 辆在月底要做检修（F6L 安全规则第 2C 条）。

这句话整体上是令人无法理解的。除此之外，还有一个奇怪的地方：其中一辆板箱装卸车"shall be replaced"（应进行更换），这听起来就像技术规范里的一则要求；然而，作者讲到其他 11 辆车时用的是"to be serviced"（要做检修），这种表述比较口语化。如果把简略的部分写成完整的形式，句子虽然会变长，但是读者更容易理解。

On 23 April 2017 the Safety and Security Team was called to an incident in Building F6L. We found that twelve crate loaders had been compromised owing to significant overnight flooding. Although eleven of these were still operable, it was clear that one would need to be replaced. The eleven in working condition need to be serviced by the end of April to ensure compliance with Regulation 2C of Building F6L Safety Regulations.

第四章 词汇

2017 年 4 月 23 日，安全保卫小组被叫到 F6L 厂房的事故现场。我们发现，由于洪水突发，12 辆板箱装卸车受到了损害。尽管其中 11 辆仍然是可以使用的，但还有一辆需要进行更换。能正常工作的 11 辆装卸车需要在 4 月底进行检修，以确保符合 F6L 厂房安全规则的第 2C 条要求。

避免陈词滥调和俚语

作者选词的准则是，所选的词语对读者来说比较熟悉但又不是老掉牙的东西。上文讨论过有些词浮夸不实，这些词不常见，因此读者不容易理解。我们从小就受到公共组织机构"官方言论"的熏陶，比如"tender the correct fare"（支付恰当的费用）或"passengers alight here"（乘客从此处下车）。读者可以辨别这些表达所属的语境，但是它们并不是自然的表达。我们很少有人在其他语境中使用"tender"和"alight"这样的词语。作者应该使用读者能够辨别而且感到自在的词语。

然而，这一准则有时也可能矫枉过正。有些表达被过度使用，变成了陈词滥调、毫无生气的短语，不再产生任何影响。"at the end of the day"（到头来）的意思是"finally"（最后）或"eventually"（最终），"at this present moment in time"（此时此刻）的意思是"now"（现在），"leave no stone unturned"（千方百计）的意思是"try hard"（努力）。这些都是过度使用的表达，它们分散了读者的注意力，激

怒了读者,削弱了读者对信息本身的信赖。使用"persons"而不是"people"也属于这个范畴,正如:

Six persons will use this equipment.
六个人将使用这台设备。

俚语属于口语,只用于朋友之间的对话。写作时使用俚语使读者不快,打断读者的阅读体验,让读者不能集中精神。

实例演练 5.4 举了一个俚语影响读者阅读体验的例子。该段落以 "it should be noted..."(应该注意的是……)开始。作者(在这个语境中)使用了一个浮夸的单词:"terminate"(终止),然后又用到了一个俚语 "start again from scratch"(从头再来)。读者从过于正式的语言猛然转换到日常用语,这种转换令人不快。俚语在工程类写作中没有用武之地。

行　话

行话分两种:可以接受的和不可以接受的。可以接受的行话指专业术语,同一个学科内的其他工程师可以理解这种术语,非专业人士日常用语中不会使用这种术语。这类行业术语不可或缺,它们让专家可以轻松地交流。作者和读者都将这类表达视为理所当然,假定大家彼此互相理解。但是,使用这种术语可能会面临两种风

第四章 词汇

险：一种是读者不理解其含义，而技术作者必须敏锐地认识到自己需要与"外部世界"进行能够被接受的交流，比如与那些不具备同等专业知识的客户进行交流。

另一种风险隐匿性更强：作者和读者都假定能够相互理解，但是这种相互理解并不存在。前文中，我们讨论过"power"一词的多种用法，这就说明了一部分问题。"overstress"（超限应力）是一个技术术语，但是这个单词内含一个经常用作其他意思的单词"stress"（压力）。"quite"是一个尤其有趣的例子，它的各种使用方式之间是冲突的：

The solution was quite brilliant.
这个解决方案相当高明。

这句话意味着该解决方案绝对是高明的，而这句话：

The solution was not quite what we were looking for.
这个解决方案并不完全是我们想要的。

意味着该解决方案几乎是对的，但是并不完全对！

另一种行话比较普遍而且令人讨厌。这种行话使用一些不必要词语，听上去有浮夸的感觉。这些词语要么含义欠缺，要么真正的含义被掩盖了。有些词汇和短语一时很受作者欢迎，比如"function"（职能），"the engineering function"（工程职能）就是

"engineer"（工程师）的工作，即"engineering"（工程）；"facility"（设施），"the manufacturing facility"（生产设施）指的是"factory"（工厂）；"solution"（解决方案），"data retrieval solution"（数据检索解决方案）的含义也不过是"data retrieval"（数据检索）。这种术语可以有效地掩饰作者的意思，如：

> The interactive function of the project manager with the team was such that it necessitated urgent implementation of the staff transfer policy.
> 项目经理与团队的交互功能使调配政策的紧急执行成为必要。

换句话说，项目经理不能和团队和睦相处，某人需要马上被调离团队。

实例演练 4.3　不准确的表达

以更简短、更清晰的形式准确地重新撰写下面这段话。

Members of the team made an attempt to initiate the process, but couldn't perceive how to get their act together. The position was aggravated by an amount of software problems for which they were unable to device solutions. They were told to try again with less people involved and at the end of the day were able to produce a more advantageous result which avoided the crisis situation that had been anticipated.

（参考译文：团队成员们尝试启动程序，但是不能感知如何才能齐心协力。在遇到大量软件问题无法找到解决方案后，他们的处境更加恶化。他们被告知减少参与人员再尝试一次，到头来，他们产出了一个更有益的成果，这避免了之前曾经预期的危机情境。）

小 结

- 使用读者能够理解的词汇和短语，如果合适，增设一个术语表。
- 充分意识到国际读者群的需求。
- 明确信息，对如何表达信息做相应的规划。
- 谨慎用词；批判性阅读。
- 注意有些词表面上看意思相同但含义有细微的差异。
- 使用电脑拼写检查功能以及词典检查拼写，无论哪种检查方式，都要十分谨慎！
- 在上下文允许的范围内做到用语简洁。
- 写作时不要过于简略以免意思表达不清晰。
- 陈词滥调和俚语会分散读者的注意力，写作中应避免使用。
- 专业术语的使用必须与读者同频，应避免使用流行的行话和俚语。

第五章 句子、标点符号与段落

Writing for Engineers

句　子

　　一句话的长度犹如一卷透明胶带，但有的人写出来的句子比透明胶带还要黏腻。把句子比喻成胶带很是贴切，它既避免了把句子比喻成绳子的陈词滥调，同时也给出了积极有用的信息。只要长度与其使用目的匹配，透明胶带就是优秀的产品。胶带如果过短，就不能牢固地固定包裹；如果过长，就会和纸、手指粘在一起变得一团糟。句子也差不多是这样。如果一个句子非常短，它可能提供不了所需信息，也可能会遗漏重要的信息元素，比如某个动词。如果一个句子非常长，它便难以理解，更会让作者和读者都感到费解，最后变成一团糟。句子的长度必须符合其目的。不过，在研究句子的长度和结构之前，我们应该先谈一谈什么是句子。

英语中句子的定义

- 句子就是若干词语的组合，这组词语要合乎一定的逻辑。
- 一个句子至少含有一个主要信息项，附属信息附着在主要信息上。
- 一个句子必须包含一个完整的动词。

以上定义的第一个方面最为重要，如果作者能够问问自己"这句话是否合乎逻辑"，那么很多错误就能够避免。如果某句话说不通，它就不是一个句子。虽然完整理解一句话要依赖对上下文的理解，但是，对读者来说，每个句子都应该是容易理解的。

邮件的开头就容易出现此类问题：

Replying to your enquiry about maintenance. With reference to your telephone call.

回复贵方关于保养的问询。根据贵方来电。

上述文字就是不完整的句子成分。"replying"（回复贵方）——作者在说些什么？这些文字本身是说不通的，而且这些文字不含动词，无法形成句子。

判断一个句子是否合乎逻辑有一个非常有用的办法，那就是把它大声读出来。把单词读出来，你的声音会试着通过语调让这些单词能够讲得通。比如，如果你把"with reference to your telephone call"（根据贵方来电）读出来，你的声音几乎必然要在"call"（来电）这个词上有上扬的趋势，因为你的大脑假定这句话后面还有更多的内容。英语的句子常常在最后几个单词上有下降的语调，这是由于随着句子的进行大脑记录了完整的意思。英语中也有一些例外

第五章 句子、标点符号与段落

的情况（结尾语调上扬）。出现这种情况的主要是问句，发出提问的人需要别人来补充或完善信息。所以，把句子大声读出来可以很好地测试一组单词本身是否合乎逻辑，是否能够形成一个句子。

句子组成与句子结构

一个句子应该含有一至两个信息点，不能有很多。写作的时候，工程师常常不能适可而止。他们一句一句地进行叠加，用逗号隔开各个句子，直到它们与最初的信息点之间的联系不再紧密，正如下面这个例子：

> At every stage when an error creeps in, an operator interrupts and corrects the problem, when really the system should be set up either to prevent the error occurring in the first place, or to be able to detect the error and correct the problem automatically.
>
> 每一阶段错误悄然生成时，操作人员中断操作并纠正错误，系统确实应被建立以防止错误出现，或能够检测错误并自动纠正错误。

这段文字有两个信息点：当前发生的情况以及希望发生的情况。

这些信息可以用下面两个句子表达：

At present, errors have to be corrected manually. The system should either prevent errors or, if this is not possible, detect and correct them automatically.

目前，错误必须手动纠正。该系统应能防止错误产生，若不能做到这一点，应能自动检测以及纠正错误。

在上面这个版本中，单词的数量几乎减少了一半，由原句的46个单词减少为25个单词，并且整段话的意思通过"manually"（手动）和"automatically"（自动）两个词形成的对比得以明确。一些不必要的词删去了，比如"at every stage"（每一阶段）和"really"（确实）。相比较而言，一个长句表达起来有些累赘，两句话的版本更简洁明确。

有两种句子单位可以用来组成句子，即含有一个动词的"clause"（分句）和不含动词的"phrase"（短语）。

每一个句子中的必要组成要素叫作"main clause"（主句），主句可以只有一个单词，例如"Stop！"（停！）这样的单个单词也可视为主句，因为这个单词本身就是动词。通常情况下，主句中含有若干单词，例如：

The car refused to start.
那辆车打不着火。

这个主句的意思是很明确的，它包含一个主要意思且含有一个完整的动词"refused"（拒绝）。我们也许会质疑"拒绝"在这里的用法，因为那辆车启动或不启动这件事没有什么选择余地，但是这种表达方式受到人们的广泛应用和认同。换句话说，这里的"main clause"（主句）和"the sentence"（句子）是一回事。这种句子还可以进行扩展，比如添加一个短语或一组词语（不含动词）：

On a cold, damp morning, the car refused to start.
在一个寒冷潮湿的早晨，那辆汽车打不着火。

这句话里原本的主句仍然是主句，动词不变。添加了短语"on a cold, damp morning"（在一个寒冷潮湿的早晨）之后，句子增加了附属信息。值得注意的是，增加的短语也可以放在主句的中间，这对句子的结构不会造成影响，例如：

The car, on a cold, damp morning, refused to start.
那辆车，在一个寒冷潮湿的早晨，打不着火。

在这种结构中，短语处于主句中间，把主句分成了两个部分。短语通常由两个逗号与主句的两个部分隔开，就像此例中的做法一样。短语可以置于句子的任何部位，甚至是句尾：

The car refused to start, on a cold, damp morning.
那辆车打不着火，在一个寒冷潮湿的早晨。

读者可能已经注意到，句子的强调随着采用的表达方法有了些许变化：短语在句中比在句尾有更强的语气。上面的例子中，短语放在句首或句中时，天气就是特别值得讨论的内容；将对天气的相应描写放在后面时，汽车的问题就是强调的内容。总的来说，句子的第一个信息点是最强调的内容。

短语通常（虽然不总是）用来描述时间或地点，例如"in the afternoon"（在下午）、"after working hours"（工作时间以后）、"at the same time"（同时）、"at the company's headquarters"（在公司总部），等等。虽然短语可以为句子增加含义，但由于不含动词，它们无法单独存在。一个句子含有一个主句，可能还会含有一个短语或更多短语。一个句子也可能会含有其他分句、从句，这些分句、从句含有动词却不能像主句那样单独存在。

这些分句对主句的含义进行扩展，它们的作用常常是解释采取主要动作的方式或原因。例如，作者可能想要解释那辆车打不着火的原因，因此在句中加上了从属分句"because the battery was flat"（因为电池没电了）。

这个事件发生在不适当的节点，所涉及的行为人可能会有些抱怨，作者又加上了另一个从属分句"when I was already late for work"（那时我上班已经迟到了）。这句话便变成了：

On a cold, damp morning when I was already late for work, the car refused to start because the battery was flat.

在一个寒冷潮湿的早晨，我上班（本就）已经迟到了,那辆车(偏偏)打不着火了,因为电池已经没电了。

这个句子目前仍然是可以接受的,因为所有的信息都与初始内容有联系。但是,读者很可能会感觉到这已经接近流畅阅读的极限了。如果再在句中加入更多的内容,句子就会出现问题:

> On a cold, damp morning when I was already late for work, the car refused to start because the battery was flat, but my neighbour, who saw the problem, came out with jump leads, and both of us together started the car and I got to work only ten minutes late.

> 在一个寒冷潮湿的早晨,我上班(本就)已经迟到了,那辆汽车(偏偏)打不着火了,因为电池已经没电了,但是我的邻居,看见我遇到了困难,拿着跨接电缆线走出来,我们一起发动了那辆汽车,我上班只迟到了十分钟。

如果分析这个句子,我们会发现它含有四项独立的内容:

1. 那辆汽车打不着火;
2. 我的邻居拿着跨接电线走出来;
3. 我们发动了那辆汽车;
4. 我上班迟到了。

这就是工科写作

每一项内容都有其附属信息:

1. 在一个寒冷、潮湿的早晨("on a cold, damp morning",短语);
2. 那时我上班已经迟到了("when I was already late for work",从属分句);
3. 我的邻居("my neighbour",短语);
4. 看见我遇到了困难("who saw the problem",从属分句);
5. 我们一起("both of us together",短语);
6. 只迟到了十分钟("only ten minutes late",短语)。

这些信息本身没有一个是句子(没有一个信息本身能说得通),但是如果把它们每一个都添加到对应的主要信息(主句,下面每句话中用加粗字体表示主句)上,就形成了一系列可读性强的好句子。

1. On a cold, damp morning when I was already late for work, **the car refused to start.**

在一个寒冷潮湿的早晨,那时我上班(本就)已经迟到了,那辆汽车(偏偏)打不着火了。

2. **My neighbour,** who saw the problem, **came out with jump leads.**

我的邻居看见我遇到了困难，拿着跨接电线走了出来。

3. Together, **we started the car**.
我们一起发动了那辆汽车。

4. **I got to work** only ten minutes late.
我上班只迟到了十分钟。

上面每个句子都符合定义中给出的标准，于是我们得到了一段结构良好的文字。文字所涉及的事件都是按照正确的逻辑顺序呈现的。

简单句与复合句

一个句子可以有一个主旨，这种句子被称为"simple sentence"（简单句）。一个句子也可能有两个或两个以上同等重要的主要意思，这种句子被称为"compound sentence"（复合句）。不过作者必须谨慎，注意不要被这种可能性带偏。作者要让各部分内容之间紧密相连，任何一部分内容都不要使用很多单词，否则句子就会过长。复合句必不可少的要素是连接词；简单地把一部分内容放在另一内容后面并用逗号隔开，这是技术写作中的常见错误。"and"（和）和"but"（但是）是最常用到的两个单词。在不同情况下，连接词可以把独立的主句连接起来。这种起到连接作用的单词被

这就是工科写作

称为"conjunction"（连词）。

例如，考虑到写作风格的呈现效果，我们很可能会把上述例子中的第三句和第四句连接起来，写成：

Together, we started the car and I got to work only ten minutes late.

我们一起发动了那辆汽车，然后我上班只迟到了十分钟。

如果这样写，那就说明我们为了达到好的写作风格而做了一些改进；我们不仅仅是写出那个句子而已，而是要形成好的写作风格。

在形成好的写作风格的过程中，理解句子的基本结构是非常重要的一步。这种理解能赋予作者极强的力量，使作者既能够清楚地按照逻辑顺序呈现相关的事件，也能够对某些内容加以强调。读者能够察觉到，作者掌控着这些信息并且把这些信息以良好的结构呈现了出来。倘若这些结构良好的句子没有不受控制地延展下去，阅读体验将会非常轻松。

句子长度

句子不应该过长，令读者不能理解其含义，尤其是含有技术性信息的句子。每句话所含的英文单词数量保持在17至20个是合理

第五章 句子、标点符号与段落

的,一句话最多承载大约 40 个单词。即使一句话结构正确,如果含有的要点太多,读者就很难厘清这些信息点。我们从下面这个例子就能看出来(这个例子取自一家大型制作公司的内部文件):

Further to our recent meeting regarding electricity supply and utilisation, I should like very much to arrange a further meeting with you to discuss the subject, coupled with a general discussion on electrical applications and equipment capable of providing possible reductions in unit production costs, such as electric/steam generators and convection/radiant ovens coupled to load control equipment.

按照我们最近关于电力供应与使用率的会议,我非常希望与您安排进一步的会议来讨论这个话题,外加一般性地讨论电力应用与可能降低单位生产成本的电力设备,比如发电机/蒸汽发电机以及与负控装置结合的对流恒温烤箱/辐射炉。

这句话含有 59 个单词和若干内容要点。在所有表象之下,这句话中有一部分内容支撑起整句话。这个部分就是主句,它本身是一个完整的句子:

I should like to arrange a further meeting.
我希望安排进一步的会议。

在例句中，这一主句开头加上了两个从属信息：

1. further to our recent meeting
按照我们最近的会议

2. regarding electricity supply and utilisation
关于电力供应与使用率

主句末尾加上了一个从属信息：

3. to discuss this subject
讨论这个话题

对于一个句子来说，这些信息已经足够了。但是，我们的工程师作者紧接着就展开下一个基础性信息：

We could have a general discussion.
我们可以进行一般性的讨论。

在这个信息的基础上，工程师又加上了另一个从属信息：

1. about the same subject（presumably）
就同样的话题（想必是这样）

第五章 句子、标点符号与段落

2. and about electrical applications and equipment
关于电力应用与设备

更糟糕的是，后面还附加了更多细节：

3. capable of providing possible reductions in unit production costs
可能降低单位生产成本的电力设备

接着，作者仍不愿放弃，又举了一些例子：

4. such as electric/steam generators and convection/radiant ovens coupled to load control equipment.
比如发电机/蒸汽发电机以及与负控装置结合的对流恒温烤箱/辐射炉。

现在，整句话的意思已经与作者最初要安排的会议相距甚远，而读者完全是一头雾水。这个超长的句子其实一共有三个主要内容：

1. I should like to arrange a further meeting about this subject.
我希望就这个话题安排进一步的会议

2. At the same time, we could discuss equipment.

同时，我们可以讨论一下设备。

3. I can give you examples of the kind of equipment I have in mind.

关于这种设备，我可以给你举一些我想到的例子。

现在，我们可以围绕这三个主要内容将所有从属信息进行分组，形成三个句子。通过这样的方式，作者把第二个和第三个句子归到一个新的自然段，删去多余的信息，比如"discuss the subject"（讨论这个话题）；作者还用简单的单词"use"替代浮夸的单词"utilisation"（两个词都有"使用"的意思）。我们可以重新组织所有的细节，形成一个更有逻辑、更易读的版本：

I should like to arrange a further meeting with you to continue our discussions of (date) on electricity supply and use.

We could also have a general look at electrical applications and equipment (which are) capable of providing reductions in unit production costs. I have in mind electric/steam generators and convection/radiant ovens coupled to load control equipment.

我希望与您安排更进一步的会议继续我们在（日期）

关于电力供应和使用率的讨论。

我们也可以大致讨论一下电力应用与可能降低单位生产成本的电力设备。我想到了发电机/蒸汽发电机以及与负控装置结合的对流恒温烤箱/辐射炉。

正如我们看到的,有时候一句话只包括一个基本要点,而有的句子包含更多内容。但是,有关句子长度的准则总是对所有句子都适用。

单词"however"(但是)值得注意,它不是一个连词,也不能连接句子,但是人们经常错误地使用这个单词去连接句子。这个单词要么是对句子的内容进行评价:

The initial cost of the machine is high. Maintenance, however, is relatively inexpensive.

该机器的初始成本很高,但是,它的维护费用相对没那么贵。

要么与"in whatever way"(无论什么方式)的用法和意思一样:

However we look at the problem, there is no easy solution.

无论我们如何看待这个问题,都没有简单的解决办法。

这就是工科写作

我们前面提到可以把句子读出来。上面的两句话中，第一句话的"however"前后有标点（两个逗号），后者没有标点，因此这两句话读起来的感觉是不一样的（参考第五章第三小节"逗号"这部分的内容）。

好的写作风格也包括句子长度的多样化。文中有一些短句可以产生直接的效果，这些短句有时候令人印象深刻，比如本小节的第一句话。

然而，文中若含有太多短句就会使文章风格显得幼稚，仿佛作者认为读者理解不了复杂的句子。作者最好能够找出句子之间的逻辑关联，以适当的方式把它们连接起来。

要避免过长、过于复杂的句子，这可能是好的技术性写作最重要的规则。如果句子长度能够得到控制，其他很多问题就会消失不见，尤其是与标点、语法相关的问题。句子超过40个单词会造成两个方面的难题：

- 对于作者来说，如果一次要沟通过多的内容，组织句子结构就会比较难。
- 对于读者来说，无论一个长句写得多么好，他们都很难消化理解这句话所含的信息。

下面这个句子就不易于阅读。作者丝毫没有体谅读者：

Due to the large inefficiency of resistor ballast drives,

第五章 句子、标点符号与段落

chopper drives have to be used for higher power applications in spite of the problems of being more complex, generating audible noise at the chopping frequency and possible radio interference, also iron losses in the motor.

由于电阻器压载驱动器大号的低效率,要达到更高的能量应用必须使用斩波驱动器,尽管会出现这些方面的问题:更复杂、以斩波频率生成可听得见的噪音以及可能造成的电波干扰,还有电机中的铁损耗。

我们可以这样分析这句话的问题:

1. 这句话太长,而且包含了太多信息,必须分割成若干部分。

2. 在句子开头使用"due to"(由于)是不良的写作风格。这个短语本身就令人不舒服,也暗示着作者没有组织好句子所含的信息。

3. "large inefficiency"(大号的低效率)这种表达比较奇怪,"large"这个词通常与物理尺度有联系,而不是用来形容一个抽象概念的。

4. 最重要的信息是"chopper drives have to be used for higher power applications"(要达到更高的能量应用必须使用斩波驱动器),但作者却几乎没有强调这些信息,甚至在这个要点前面写了一长串冗长的介绍性内容。

5. "in spite of the problems of being"(尽管会出现这些方面的

这就是工科写作

问题)这部分内容有些啰唆且没有必要,后面的句子内容明显就是问题。

6. 句子最后给出的四个问题属于两个范畴:不可避免的问题以及可能造成的问题。

7. "complexity"(复杂性)与"noise"(噪音)似乎是不可避免的,因此产生了"interference"(干扰),文中表示的是可能发生的问题。后面的"电机中的铁损耗"很明显是后来加上的想法,通过一个逗号和一个单词"also"(还有)附着在句子上,生硬而又不合语法地扩展了整个句子。由于这部分信息跟在"possible"(可能的)后面,读者可能会以为铁损耗是可能发生的问题,而不是不可避免的问题,然而作者也没有说明这一点。

现在,这段话可以改写成更容易令人接受的形式:

> For higher power applications, chopper drives must be used because resistor ballast drives are highly inefficient. Chopper drives, however, are complex, generate audible noise at the chopping frequency, and possibly cause iron losses in the motor and radio interference.
>
> 为达到更高的能量应用,必须使用斩波驱动器,因为电阻器压载驱动器非常低效。然而,斩波驱动器更为复杂,会以斩波频率生成可听得见的噪音,可能会造成电机的铁损耗和电波干扰。

第五章 句子、标点符号与段落

改写之后，第一句话阐明了对于斩波驱动器的需求。第二句话使用连接词"however"（然而）表示出使用斩波驱动器会遇到的问题，接着提出两组问题，即不可避免的问题以及可能造成的问题，没有造成任何歧义。

句子长度的多样化可以控制读者思考问题的方式。简单不复杂的事实可以写成相对较短的句子。短句最多 20 个英文单词，读者可以快速阅读。那些需要认真考虑的段落（比如报告的总结部分）常常需要较长的句子。长句可以有 35 个至 40 个英文单词，这样的长度可以减缓读者的阅读速度，争取让读者专注思考。读者很可能不会注意到这样的操纵手段，但是他们会发现面前的文本读起来比较舒服，易于理解吸收。

实例演练 5.1 句子过长

在不改变意思的情况下，把下面这个很长的句子拆分成更短、结构更明确的若干句子。

Engineers who work very long hours may suffer long-term effects on their health especially if their work is very intensive and involves responsibility for other people, perhaps younger staff who are less experienced and who need a great deal of supervision and the senior engineers may also be using delicate machinery which requires intense concentration and this state of affairs is also unwise from an employer's

这就是工科写作

point of view because of the risk of accidents.

（参考译文：工程师工作很长时间可能会在健康方面受到长期的影响，特别是如果他们的工作强度高压力大并且需要对他人负责，也许缺乏经验需要大量监督的年轻工程师和高级工程师可能也会使用需要精神高度集中的精密仪器然而这种状况从雇主的角度来看也不明智，因为有事故的风险。）

句子结构

在上文中，我们讨论了两种类型的句子：一种是表达一个基本要点的句子（简单句）；一种是表达两个或两个以上紧密相连的信息的句子（复合句）。在复合句中，有的句子由若干基本语义单元（主句）构成。这些单元之间由"and"或"but"连接（永远不会只用一个逗号），而有的复合句由一个主要的语义单元和重要性相对较低的若干附加语义单元（从属从句或短语）构成。

了解各种造句方法可以帮助作者在写作中做出相应的判断。用哪些信息来写主句呢？作者的选择将影响句子的重点。一般来讲，句子开头的几个词比它们后面的单词更有分量。例如：

The machine was overhauled, after which it worked at full capacity.

机器经过彻底检修满负荷运转。

在这句话中,主句明显是"The machine was overhauled"(机器经过彻底检修),这部分将被认为是最重要的信息,整句话从这部分开始展开。如果把前后信息对换,这句话则写成:

The machine worked at full capacity after it was overhauled.
机器满负荷运转,在彻底检修之后。

句子的重点现在牢牢地放在"机器满负荷运转"这一点上,它成了主句,这句话由此展开。

作者要掌握在句子内部转移句子重点的能力,这是非常有用的技巧。

比如,使用上面的句子信息,我们可以写出这样"中性的"句子:

The machine was badly damaged but it could be repaired.
这台机器受到了严重损坏,但是它可以修复。

重点落在不同位置时,这句话有两种写法,如下所示:

The machine could be repaired, although it was badly damaged.
这台机器可以修复,虽然它受到了严重损坏。

这句话强调的是"repair"(修复);

The machine was badly damaged, although it could be repaired.
这台机器受到了严重损坏,不过它可以修复。

这句话强调的是"damage"(损坏)。

在句子开头的并不总是主句,我们有时也需要在开头强调从属信息,例如:

Although the repair took six weeks, it was successful.
虽然修复用了六周的时间,但是修复成功了。

这句话强调的是修复所用的时间,因为这部分内容首先出现在句子中。

读者必须识别句子的主要部分,辨认句子的重点落在什么位置。

虽然有时可以把从属信息放在句子开头,作者却有可能在从属信息上过于专注,不小心遗漏了句子主要想表达的内容,例如下面这句话:

In order to prevent damage to integrated circuits as a result of static discharge which may be caused by a variety of

第五章 句子、标点符号与段落

factors such as incorrect handling procedures, poorly grounded instruments or even on occasion by electrostatic buildup on clothes, shoes or floor coverings.

为了防止对集成电路的损坏，这种损坏由于静电释放造成，可能是各种各样的因素导致的，比如不正确的处理程序、不接地仪器，有时甚至是由衣服、鞋子或地板覆盖物上的静电积聚导致的。

我们如果试着找出句子的要点，很快就会发现这句话没有什么要点。句子以"in order to prevent damage"（为了防止损坏）开头，但读者必须做什么？我们并没有被告知。我们面前这个单词数量多达 40 个的长句是完全失控的。我们只要确定了信息要点，然后单独用一个句子把它表达出来，就会得到这样一句话：

Damage to integrated circuits may be the result of static discharge.

对集成电路的损坏可能是静电释放造成的。

其余的信息可以依序排列，写成下面的句子：

This may result from incorrect handling procedures, poorly grounded instruments or electrostatic buildup on clothes, shoes or floor coverings.

这可能是由不正确的处理程序、不接地仪器或衣服、鞋子或地板覆盖物上的静电集聚导致的。

现在，我们得到了两个句子，识别出了多余的细节信息，然后将这些信息从句子中移除。"a variety of factors such as"（各种各样的因素，比如）以及"even on occasion by"（有时甚至是由）这两部分内容并没有为整句话增加任何意义，把它们拿掉以后，我们就得到了两个语法正确的句子，分别含有 11 个和 19 个单词，这样的句子长度是可以接受的。

在句子的主要部分可以识别、从属信息也得以构建的基础上，句子的整体组织方式还可能有两种：

一种是从属信息先行，它们慢慢地将读者引向句子的重点部分。这种写作技巧对写作惊悚小说很有帮助。在惊悚小说中，戏剧张力不断攀升，直到高潮。

As night fell, and with it the hard, driving rain, his determination increased and, breathless, exhausted, running onwards although he no longer knew in what direction, stumbling and nearly falling so that he grazed his hands and twisted his ankle, he now knew more certainly than ever that he would, if need be, die rather than surrender.

夜幕降临，暴雨如注，他的决心却愈加坚定。他向前跑着，哪怕气喘吁吁、精疲力竭，哪怕失去了方向感，步

第五章 句子、标点符号与段落

履蹒跚、踉踉跄跄,双手擦伤了,脚踝扭伤了。但此时此刻,他知道自己从未如此坚定——如有需要,宁死不屈。

这个句子中,所有事物都在慢慢地将读者引向最终的戏剧性陈述——"he would die rather than surrender"(他宁死不屈)。通过细节的堆砌(夜晚、下雨、主人公精疲力竭、失去方向感、疼痛),戏剧效果得以强化——艰难至此,但宁死不屈。

这是小说家的写作技巧。工程师在写技术性文字信息的时候必须以完全不同的方式处理手头的材料。读者必须第一时间了解到作者在说些什么,如此,从属信息才能被读者考虑。戏剧张力在技术性写作这里是无关紧要的。若是将要点放在句尾,句子前后颠倒,这个句子只能让读者恼火,起不到积极的作用,比如下面两个真实的例子:

Upon removing the packaging materials damage in the form of scratches and abrasions was noted.

拆除包装材料的时候,以划痕和擦伤形式的损坏被发现。

"damage"(损坏)大概是这个句子最重要的内容,但是作者无须详细说明——"scratches"(划痕)和"abrasion"(擦伤)就是不同形式的损坏,无须再把这一点详细告知读者。

Scratches and abrasions were noted when the packaging was removed.

拆包装时，发现了划痕和擦伤。

原句共有 15 个单词，现在缩减为 10 个，而且句子的要点一下子就鲜明起来。

To present detailed waste water proposals in the absence of community structure plans is not possible.

在缺少社区结构规划方案的情况下提出详细的废水处理建议是不可能的。

读者直到句子末尾才明白作者的意思——这不可能。如果把词语前后调换一下，句子要点立即就变得清晰：

It is impossible to present detailed waste water proposals in the absence of community structure plans.

不可能在缺少社区结构规划方案的情况下提出详细的废水处理建议。

采用这种句子顺序还有另外一个好处。"present" 这个词可以是动词（单词的重音落在第二个音节），意思是"提出"；它也可以是形容词（单词的重音落在第一个音节），意思是"现在的"。只有

第五章 句子、标点符号与段落

理解了上下文,我们才知道如何理解这个单词。在最初的那个句子形式中,我们直到句中的位置才能确定作者在这里把 present 当作动词使用,而在调整过的句子中,我们立即就能体会到它是动词还是形容词。

其实,作者"前后颠倒"地组织句子还有一个原因——想要吸引读者的注意力。然而,把最令人感兴趣的信息留到句尾显然是徒劳无益的。

> Further to our discussions and my brief survey, I have pleasure in giving details below of my findings together with approximate indications of the likely savings that might accrue by raising hot water directly in each office at approximately 100% efficiency and saving distribution costs.
>
> 按照我们的讨论和我进行的简单调研,我很高兴接下来详细阐述我的发现以及以大约 100% 的效率为每个办公室直接提供热水以及节约供应成本可能带来的节省成本的近似指标。

上面的例子中,作者有一个非常重要的信息想要传达给读者:我可以提高效率并节省成本。如果把这句话明确地写出来,谁又能抵得住这句话的吸引力呢?然而,作者没有突出强调这个令人激动的好消息,而是把它藏在很多单词之中,放在一个单词数量多达 45 个的句子末尾掩盖了起来。

173

In the light of our discussions and my brief survey, I have pleasure in giving my findings. Savings can be made and efficiency increased by raising hot water directly in each office. Details are as follows :

根据我们之前的讨论和我所做的简单调研，我很乐意对我的发现做阐释。我们可以通过为每个办公室直接提供热水提升效率并节省成本。详细内容如下所示：

改写的句子中，作者向读者呈现了三个要点：

1. "我"的发现是根据之前的讨论和调研得出的；
2. 成本可以节省；
3. 后文给出了详细内容。

"savings"（节省）这个词很有意思，作者把这个词放在句首，这样就有可能抓住读者的注意力。

实例演练 5.2　组织句子

本实例演练有两个案例，下面第一个句子开头使用了"due to"，这个开头很糟糕，它暗示着作者没有很好地组织句子；读者需要读到句子的一半才知道这句话在说什么。用下面两种形式改写这个句子：首先试着把重点放在重型卡车的重量上，然后把重

第五章 句子、标点符号与段落

点放在对拖吊车的需求上。

案例一

Due to their weight, it is necessary to use a tow truck to move the rigs.

(参考译文：由于其重量，有必要使用拖吊车移开这些重型卡车。)

在第二个案例中，判断对于作者和读者来说建筑规范的哪一部分是最重要的，然后改写这个句子，把重点放在合适的位置。

案例二

Building Regulations remind us that a boundary wall may be affected by a number of factors such as an increase in wind load or driving rain if a nearby wall is taken down, or, as in our case, if part of the wall is removed for a new gateway and we will need to take this factor into account in our planning application.

[参考译文：建筑规范提醒我们边界围墙可能会受到许多因素的影响，比如风荷载增加或暴雨（如果附近的墙被推倒），或者，就像我们遇到的情况，部分墙体因拟建的新大门入口而拆除，我们需要在我们的规划申请中将这个因素考虑在内。]

当然，把句子要点放在句首只是指导性原则而不是绝对的法则。

有时候，某些因素会影响工程师的写作，使前后顺序应该颠倒过来的句子（不把句子要点放在句首）变得合理：

Your proposal is interesting... in many ways attractive... and if the economic climate were different... but we must regretfully decline...

您的提议非常有意思……在许多方面都很吸引人……如果经济形势不同……但是我们必须遗憾地拒绝……

这种写作手法很温和，可以让拒绝变得容易被对方接受。

动词的不同种类

除了主句，有的句子还含有从属信息。从属信息单位要么是没有动词的短语，要么是由"when""although"或"because"这样的单词引导的从句。人们总是认为动词很容易辨认且动词仅由一个单词组成，事实并不总是如此。动词可以由多个单词构成：

Today I am working on site, where they were working yesterday.

我今天在现场工作，他们昨天在现场工作。

上面这句话中，如果主句要说得通，就既需要"am working"

也需要"were working"。因此，它们都是主动词的组成部分。

　　动词"am working"由两部分构成：助动词"am"和分词"working"。助动词负责让我们了解人物，也让我们了解动词的时态，比如应该是"I am"还是"I was"，是"they are"还是"they have been"。分词以"ing"结尾，告诉我们人物所采取的是什么动作（比如，是"working"而不是"sitting"或"writing"）。一旦动词的某一部分丢失，句子的意思就丢失了。比如，我们不能说"I working on the night shift"（读者不知道究竟是现在时的"am"还是过去时的"was"），"I am on the night shift"所含的意思也不全面（读者不知道我正在做什么，"我"可能正在睡觉）。如果构成动词的单词不止一个，那么每一个单词在传递信息时都扮演着一定的角色。

　　但是，如果一句话中已经有了一个完整的主动词，我们在实际写作中常用的一种做法是：只使用一个分词，省略的助动词由读者去体会。比如，"working with the lathe"（使用车床）显然既不是主句也不是完整的句子，因为它本身说不通。我们可以加上助动词使它变得完整："I was working with the lathe."（我当时正在使用车床。）但是这个信息的要点可能是另外的内容："I produced a smooth finish."（我做出了光滑的涂层。）这是一个主句，一个完整的句子。现在我们得到了两个通顺的句子，它们的主语相同，都是"I"，出于这个原因，我们可以选择将第一句中的"I was"省略而把两个信息结合起来。因此，"I was working with the lathe and I produced a smooth finish."这句话就变成了：

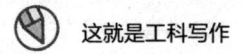 这就是工科写作

> Working with the lathe, I produced a smooth finish.
> 使用了车床,我做出了光滑的涂层。

这个句子是正确的,它的主句是"I produced a smooth finish"(我做出了光滑的涂层),从属信息单位是"working with the lathe"(使用了车床)。我们可以理解这个句子,因为"I"既是分词的主语,也是主动词的主语:"I am working and I produced a smooth finish."(我在工作并且做出了光滑的涂层。)

常见的句子错误一:分词不相关

如果分词和主动词的主语不同,得到的句子就会是不知所云的:

> Working with the lathe, the table had a smooth finish.
> 使用了车床,桌子得到了光滑的涂层。

对于桌子来说,它可能得到了光滑的涂层,但想必它没有使用车床。这个现象叫作"分词不相关",不仅会造成句子不知所云,也会产生令人发笑的歧义。

> Rusting badly though it was, Zak's brain told him that he would buy the car.

第五章 句子、标点符号与段落

虽然严重生锈,扎克的大脑还是告诉他,他会买那辆车的。

语法上,我们要假定主句的主语"Zak's brain"(扎克的大脑)严重生锈,"扎克的大脑尽管严重生锈了,还是告诉他……"我们可能会猜到生锈的其实是那辆车(但是谁又能确定呢)。

写出这样的句子太容易了,就像下面这句话:

Used for long periods without ventilation, overheating can cause damage to the instrument.
长时间使用不通风,过热可能会对设备造成损伤。

按照这个句子所说,是"过热"长时间被使用吗?句子的原意可能是:

Overheating can cause damage to an instrument which is used for long periods without adequate ventilation.
过热可能会对长期使用且没有充分通风的设备造成损伤。

在改写的句子中,助动词"is"与分词"used"结合在一起,整句话也说得通了。

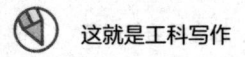 这就是工科写作

常见的句子错误二：分离不定式

类似的问题也会出现在动词的不定式上（比如"to be""to work""to eat"）。

> To drive well, your eyesight must be good.
> 为了开好车，你的视力必须好。

这句话暗示你的"视力"是可以进行驾驶的，它可以表现得很好，也可以不好。这显然是不符合逻辑的，所以这个句子必须进行修改：

> Your eyesight must be good if you are to drive well.
> 你的视力必须好，如果你想开车开得好。

"are to drive"是一个复合动词，共含有三个单词。如果要让这个句子说得通，这三个单词都是必须保留的。

比如，动词不定式最为人知的特点是它可能会处于分离状态。"to"和动词之间有时会游荡着一个单词，但是，好的写作风格并不推崇这种用法。比如，"to effectively control"就是不好的用法，"to control effectively"则是好的用法。一般是这样的，不过，就像很多英语法则一样，如果作者确切地知道自己为什么分离不定式，那么这个规则是可以打破的。重点可以放在一个看似不合时宜的单词

第五章 句子、标点符号与段落

上面,而这种强调是合乎情理的,比如:

To safely remove the radioactive material, it was necessary to call in an expert.

为了安全地移走这些放射性物质,有必要请一位专家来。

上句话中,分离不定式强调的是非常重要的"safely"(安全地),所以它是可以接受的。不过,分离不定式如果使用太过频繁,其效力就会消失。如果作者使用它的目的明确,且只是偶尔使用,分离不定式也可以帮助作者表达要重点强调的内容。

常见的句子错误三:句子结构混乱

其实,有些我们探讨的问题产生的根本原因在于作者不愿意将句子看作一个整体,因此句子的结构才会产生混乱。比如:

The run time checks indicate at what point of the process the computer is currently at.

作者写到句子中间的时候改变了结构,使得整句话的结构坍塌了。这句话可以这样写:

The run time checks indicate at what point of the process the computer currently is.

改写成这样以后,句子还是有些别扭。这句话还可以写成下面的形式:

The run time checks indicate what point of the process the computer is currently at.

这样写是可以接受的,不过语言纯粹主义者可能会对句子以"at"结尾吹毛求疵,因为这样的结尾让人不舒服。句子里难处理的词可能是"is"。这句话几乎没有传达什么内容。作者如果考虑一下句子想要传达的观点,可以这样简洁地表达:

The run time checks indicate what point of the process the computer has reached.

运行时检查表明该台计算机的程序到达哪个阶段。

改写后的句子更易阅读,使用了现在完成时,解除了对"currently"(当前)这个词的需求。

作者要思考如何表达观点可以更容易被读者感知,这是非常有帮助的。也就是说,作者要去想,"如果读者现在就站在我面前,我应该说些什么?"虽然书面语比口语正式,但是,一旦确认了要

第五章 句子、标点符号与段落

表达的观点,观点就可以被"整理"成书面形式:

I hope to be able to confirm the appointment of Hannah Jones within the next few days and can assure you that subject to your response to my questions being positive, immediate liaison will be set up between you so that she may be instrumental in arriving at the appropriate conclusions which will benefit us both.

我希望接下来几天内能与您确认汉娜·琼斯的任命,可以向您保证的是,以您对我方问题肯定的回复为准,将在你们双方之间建立即时的联络,以确保她在达成对我们双方有益的适宜结论中起到作用。

这句话结构混乱的程度着实令人惊叹,但现实中确实会遇到这样的句子。作者想要说的究竟是什么呢?

As soon as we've confirmed Hannah Jones's appointment, which shouldn't take more than a few days, and as long as you're happy with our suggestions, we'll put you in touch with each other. With luck, you'll get on and we'll all do well out of it.

一旦我们确认汉娜·琼斯的任命,这不会花很多天,只要你们对我们的提议满意,我们就让你们互相联系上。

如果幸运，你们会推进工作，我们都能得到好处。

如果以书面表达的要求来看，这样写有点太像闲聊了。这句话可以写得更正式，而且用词得当不浮夸：

> We hope to confirm Hannah Jones's appointment within a few days. As soon as you have agreed to our suggestions, she will contact you to establish a good working relationship.
> 我们希望在接下来几天确认汉娜·琼斯的任命。贵方一同意我们的提议，她就会与您联系以建立良好的工作关系。

这句话的两个基本的信息点是汉娜·琼斯的预约和汉娜·琼斯即将与对方联系。良好的工作关系对双方明显都有益处，再单独说明这一点没有意义。一句总共含有56个单词的句子现在浓缩成了简短的两句话（一句话含有11个单词，另一句话含有19个单词，总共只有30个单词）。

常见的句子错误四：误导读者

漫谈式的句子会不慎给出误导读者的信息。在此需要再强调一次的是，作者必须确认句子要表达的信息并且向读者清楚地表达出来，请看下面这个句子：

第五章　句子、标点符号与段落

The lower temperature of 30 degrees Celsius is taken to be the typical external ambient temperature for the equipment in normal use whilst the upper one, 80 degrees Celsius, represents the maximum operational external ambient temperature.

低温 30 摄氏度被设置为设备正常使用的一般外部环境温度；高温 80 摄氏度代表着最高工作外部环境温度。

这个句子隐藏的一个不利因素是提到了低温和高温，而高温"upper"后面紧跟着单词"maximum"（最高）。不细心的读者很容易就会以为，30 度是最低温度（不是一般温度）。作者重新构建观点，以免造成歧义（用"is"替代"represents"）：

Typically, the equipment will be used at an ambient 30℃. The maximum operational ambient temperature is 80℃.

设备一般在环境温度30℃时使用。最高运行外部温度是 80℃。

关键词"typically"（一般）与"maximum"（最高）形成了对比，在每句话的开头对重点内容予以强调，这样就不可能产生意义混淆。两个温度分别放在每句话的结尾部分，再一次形成鲜明的对比。多余的信息"lower"（较低）和"upper"（较高）被移除，第一句话里的单词"temperature"（温度）也删去了（30℃这个数据不

这就是工科写作

是温度值还能是什么？）。第二句话中保留了单词"temperature"，便于读者阅读和理解。

实例演练 5.3　赘语

下面这段信息包含了一些没有给句子增加任何意义的单词和短语，重写这段话，尽量做到简明扼要。

The road was originally designed with the needs of residential users predominantly in mind, although over a number of years an element of commercial use, much of which consists of retail properties, has come into existence. If an additional amount of traffic is generated, as it might well be if the current proposal is implemented, problems of increased congestion and even more pollution would inevitably result, to the detriment of residents.

（参考译文：这条路最初设计时主要考虑了居民的需求，不过多年来存在某些商业性用途——其中大多数由零售地产组成。如果产生了额外的交通量，现在这个提议得以实施是很有可能的，增加的拥塞问题以及甚至更多的污染也将不可避免地产生，对居民造成损害。）

第五章　句子、标点符号与段落

冗余的单词和短语

技术性写作中经常出现多余的单词和短语，比如："Initially, we began by..."（最初，我们由……开始），"a new innovation"（一项新的创新），"future consequences"（未来的后果）或"the consequences which lie ahead"（即将来临的后果，这种表达更加微妙），"clearly obvious"（显然是明显的），"both the two rivets"（两个铆钉二者都……），这些表达中都有多余的单词。作者可能对自己信心不足，觉得有必要把相同的事情说两遍。如果是这样，这种信息就不应该传达给读者。它不仅暗示作者犹豫不决，也造成文章篇幅加长，这是在浪费时间和金钱。

常见的句子错误五：单复数混淆

还有其他一些句子结构问题是由于作者缺乏规划导致的。最常见的问题是单复数混淆。由于作者没有清晰界定主语，一句话可能会从单数变成复数，也可能反过来，从复数变成单数：

The failure of the systems that we have installed recently have led to the current financial crisis.
我们最近安装的系统发生了故障，这些导致了当前的财政危机。

这就是工科写作

这句话想要表达的是故障与财政危机有关。主语是单数"failure",所以动词的形式也应该是单数"has led"。其实我们可以看出这一错误是如何产生的:单数"failure"与复数动词形式"have led"之间有一个复数的单词"systems";跟在这个单词后面的是"we have installed",这里正确使用了复数。前面两次使用了复数,这让作者误以为后面所需动词也必须是复数,而忘记了句子本来的主题词"failure"实际上是单数。为找出句子的主语,作者应该问自己:"是什么导致了当前的财政危机?"答案是"故障",因此,这句话应该写成:

The failure of the systems that we have installed recently has led to the current financial crisis.
我们最近安装的系统发生了故障,这导致了当前的财政危机。

单词"each"(每一个)是单数,这个词也会造成类似的问题。例如:

Each of the systems which we have installed recently have given us initial problems.

"have given"的主语其实是"each",因此这句话应写成:

第五章 句子、标点符号与段落

Each of the systems which we have installed recently has given us initial problems.

需谨慎使用的表达

用"it"和"which"做主题词时需要特别小心,这两个词都很容易与错误的单词或短语连接。读者有时很难把它们和任何句子成分联系起来:

The question of how this work should be carried out is one which it is difficult to answer. During our discussions, I said it might be possible to work from a cradle but due to the instability of this type of apparatus, it could prove extremely difficult. Also, due to the large scale of work involved, it would increase the length of the contract.

这项工作如何开展的问题很难得出答案。在我们的讨论过程中,我曾经说过,我们也许可以使用吊篮开始工作,但是,鉴于这种装置有其不稳定性,后续工作将非常困难,而且,由于涉及大量的工作,也会导致合同期限延长。

原文在四处用了"it",但没有一处可以比较容易地联系到某种含义。第一句话的大部分内容在任何情况下都是多余的,这句话的意思无外乎是"we are not sure"(我们不确定)。第二句中,全段第二处"it"的意思和"this"差不多,这句话可以改写成更简洁的形式。第三句和第二句有同样的问题。这段话可以改写成:

> We are not yet sure how to carry out this work. Using a cradle, as I suggested previously, would be difficult because of its instability. Given the scale of the work, this method would also be time-consuming.
>
> 我们还不确定如何开展工作。正如我之前所说,使用吊篮比较难,因为它不稳定。而且,考虑到此项工作的规模,这个方法也会比较耗时。

"which"也同样棘手:

> Manuals are mainly held in the print room, but some by individuals which are often unique.
>
> 大部分使用手册存放在打印室,有些由个人保管,他们通常是独一无二的。

从语法上来讲,"which"指代的是"individuals",但是这里有两个问题:

第五章 句子、标点符号与段落

- 个人总是独一无二的。
- 个人是人,因此应该用"who"而不是"which"指代。

常识告诉我们,"which"指代的是"manuals",这句话应重新排列词语顺序,改写成:

While most manuals are held in the print room, some which are unique (presumably, "of which there are no copies") are held by individuals.

大部分使用手册都存放在打印室,但是,有些使用手册是独一无二的(它们大概没有副本),这些特别的使用手册由个人保管。

很多作者在"which"和"that"之间摇摆不定,不确定在某个特定的文本中使用哪一个单词是对的。答案取决于需要使用"which"或"that"的从句是哪一种类型——该从句是限制性从句还是非限制性从句。

限制性从句为其前面的名词提供基本信息,我们以下面这句话为例:

This was the lorry that caused the accident.
这是那辆造成事故的卡车。

鉴定限制性从句有一个好办法，那就是把从句删去，看看剩下的句子是否能说得通。删去从句以后，"This was the lorry"是不完整的：关于卡车我们需要知道些什么？大体上，英式英语中（美式英语略有不同）的限制性从句由"that"来引导。不过，现在由"which"来引导限制性从句也是可以的，比如：

This was the lorry which caused the accident.
这是那辆造成事故的卡车。

这种用法也是被大家广泛接受的。

非限制性从句提供一些额外的信息，这些信息可以被省略而不影响句子的意思，例如：

This was the lorry that caused the accident, which was not the first at that road junction.
这是那辆造成事故的卡车，它不是在这个路口造成事故的第一辆车。

这句话在单词 accident 处结尾仍然是说得通的，但是作者另外添加了一些关于发生事故的那个交叉路口的信息。附加的非限制性从句位于逗号后面，由 which 而不是 that 引导。这里顺便提一句，现在常常在句子中省略 that，例如：

The manual (that) we were using is still in the workshop.
我们之前用的使用手册还在车间里。

一般来讲，这样省略 that 是可以接受的，除非省略 that 以后，句子的意思变得不清晰，例如：

The manual you mentioned was out of date.

这里是指"你曾提起的使用手册"（the manual that you mentioned），用"你曾提起的"限定"使用手册"（manual）吗？还是说"你曾提到过这本使用手册过时了"（you mentioned that the manual was out of date）？省略"that"可能会造成读者无法确定句子的意思，因此要准确地在句中使用"that"。尽管与过去相比，"may"和"might"之间的区别已经不那么明显，但这组词还是令作者犹豫不决。"may"用于描述当前的情况，例如：

I may finish this particular job before I go home.
我可能会在回家之前完成这项工作。

与之相对，"might"描述的是过去的情况，例如：

I might have spent too long on the previous work before starting this.

这就是工科写作

在开始这项工作之前,我可能在之前的工作上花费了大量的时间。

"might have"有一种特别的用法,即表示某件事曾经是可能发生的,但是现在不可能发生了,例如:

I might have gone home early, but instead stayed at work until nearly midnight.
我本可以早点回家的,却留下来一直工作至将近午夜。

我"早点回家"(going home early)是有可能的,但是现在不可能了,也就是说,"早点回家"没有发生。遇到这样的情况,使用"might have"可以把事件情况清晰地呈现给读者。

然而,某些情况下,作者并不清楚某件事究竟会不会发生,这时使用"may have"比较合适:

I may have underestimated the time needed for this job, but I shan't know for a couple of days or so.
我可能低估了这项工作需要的时间,不过我需要大约两三天才能确认。

"such that"是工程师特别喜欢用的一种表达:

Data have been collected from field surveys such that future projects can be planned.

上面这句话中,"such"是有歧义的,它的意思可能是"以这样的方式"(in such a way that),即:

Data have been collected from field surveys in such a way that future projects can be planned.
数据经由实地调查收集,通过这样的方式,未来的项目可以进行规划。

上面这句话中,收集数据的方法使得对未来项目的规划成为可能。不过,"such"的意思也可能是"以至于、为了、以便"(so that),例如:

Data have been collected from field surveys so that (= in order that) future projects can be planned.
经由实地调查收集了数据,如此一来,未来的项目可以进行规划。

这句话中,数据经由调查收集完成,因此有可能对未来项目进行规划。

"such that"也可以另一种方式使用,例如:

这就是工科写作

The method of collection was such that it enabled future projects to be planned.

收集数据的方法是这样的,它使未来的项目得以规划。

这句话中,"such that"的意思是"这种类型的"(of such a type)或"具有此等品质的"(of such a quality)。这种使用方法比较罕见。作者要做相关的确认,如果想要表达的不是这种意思,就不要使用"such that"。

消极的写作

工程师们以一种消极的方式写作可能是因为他们缺乏自信。"It is difficult to deny"(很难否认……),"it is not unlikely that"(……并非不可能),"it is not possible to disprove that"(要反驳……是不可能的),种种类似的表达暗示着作者犹豫不决(或缺乏自信)。如果作者过多地使用这种表达,读者的信心最终会受到削弱。

If the trend shown continues, then there should be no reason why an improvement in productivity of approaching 40% is not achievable.

如果这一趋势持续下去,那么没有理由不能提高近

第五章　句子、标点符号与段落

40%的产量。

这句话是一则好消息。但读者如果产生了前景黯淡的感觉也是情有可原的。"no reason"（没有理由）的后面用了"not achievable"（不能达到），这给读者留下了混乱的印象。作者本来想说的是：

If we keep up the good work, we'll just about make a 40% rise in production.
如果我们继续这样努力下去，产量将会增长近40%。

更正式一点，可以写成：

If the present trend continues, we should approach a 40% rise in production.
若当前趋势得以持续，产量增长将会达到近40%。

如果对这则好消息加以强调，可以写成：

A 40% rise in production is forecast if the present trend continues.
产量增长预计将达到近40%，如果当前趋势持续下去。

相比最初的版本，这句话听上去更令人愉快。消极的表达在传达坏消息时可能最为常见：

It is impossible to deny that if the present trend is not reversed, production figures will fail to show the expected rise of 40%.

不可否认的是，如果当前趋势没有彻底转变，生产数据将无法实现预期的增长40%。

作者把很多否定的表达聚集在了一起，比如"impossible"（不可能）、"deny"（否认）、"not reversed"（没有转变）、"fail to show"（无法实现）。作者大概是想把读者缓缓地引向那些悲惨的坏消息，但采用这种写作方式可能会写出令人难懂的语句：

It is impossible to deny that production figures have not risen.

无可否认的是生产数据没有提升。

这大概意味着，我们不得不承认事实，但我们宁愿不去承认。

第五章 句子、标点符号与段落

实例演练 5.4 过于复杂的文字

下面两段文字均为真实的案例，重新撰写这两段文字，澄清句子意思，改进语法和标点。

1. Particular care should be taken to ensure that where an activity has overrun, then that resource requirement for the remainder of that activity is reflected in the current report in addition to the resource needed to maintain the programme during the reporting period.

（参考译文：应特别注意确保在一项活动超支的情况下，除了在报告中陈述报告所述期间维持方案所需的资源外，还应在本报告中反映该活动其余部分所需的资源。）

2. It should be noted that the project group's decision to resume work on the existing prototype in no way indicates any belief in non-feasibility of the other possible methods. The reason for carrying on with the original design being mainly a practical one in that it would seem to be more worthwhile attempting to successfully terminate one approach to the topic rather than start again from scratch using another method and possibly only, with luck, reaching prototype stage.

（参考译文：应当指出的是，项目小组决定恢复对现有原型的工作并不表示项目小组认为其他方法是不可行的。继续进行原型设计的原因主要是出于实用性的考虑，因为尝试将一种方法成

这就是工科写作

功落实要比使用另一种方法从头开始最后可能并在走运的情况下才能到达原型阶段更有价值。)

标点符号

本章前面几节的内容对句子结构做了讨论，并且探讨了一些因作者不能完全掌控写作而产生的问题。我们在前文中提到过标点符号，如非限制性从句前面的逗号。现在，我们列出重要的标点符号，并提供一些使用这些标点符号的简单例子和简短的实例演练，这些内容可以帮助你练习如何正确地添加标点。糟糕的技术性写作中最常见的问题常常是由标点符号使用不当或不准确造成的。标点符号相当重要。

句号、惊叹号、问号

句号在句子末尾使用。缩略词中也可以找到英文句点的身影，但现在这种用法并不常见。工程师作者容易忽略句号而使用逗号，这是不对的。比如下面这个例子：

> Sentences cannot simply be put together, they need a word or phrase that joins them, they should otherwise be separate, the commas should be changed to full stops.

第五章　句子、标点符号与段落

不能只是简单地把句子放在一起,它们需要一个单词或短语来连接,否则它们应该分开,逗号应改成句号。

这是一个常见问题的简单案例。作者说的是:

Sentences cannot simply be put together.
不能只是简单地把句子放在一起。

They need a word or phrase which joins them.
它们需要一个单词或短语来连接。

They should otherwise be separate.
否则它们应该分开。

Such commas should be changed to full stops.
这些逗号应改成句号。

上面的四句话都是正确的句子,但是整体不灵动。我们在前面的章节讨论过句子长度的多样性,句子可以用连接词(连词)来连接。

Sentences cannot simply be put together. Either they need a word or phrase which joins them or they should be kept separate. Such commas should be changed to full stops.

不能只是简单地把句子放在一起。它们要么需要用一个单词或短语连接这些句子,要么应该分开各自成句。这些逗号应改为句号。

"either... or"(要么……要么……)可以连接两个部分内容,这是一种很好的方式,它说明了解决句子问题可以有不同的方法。

可以替代句号的有惊叹号、问号和分号。顾名思义,惊叹号体现了突然的反应:"站住!""小心!""太神奇了!"委婉一点说,惊叹号在工程类写作中很少使用。

下面是正确使用问句的例子:

How should we tackle this problem?
我们应该如何解决这个问题?

What results might we expect?
我们期待什么样的结果呢?

这种问题在演讲中常常是有帮助的,但是,它们在撰写文件中通常没什么用,因为作者将要在下文中给出答案。作者有时会使用问句作为标题:

What conclusions can be drawn from this evidence?

第五章 句子、标点符号与段落

从这一证据中可以得出什么结论？

这种问题对读者没有什么帮助，它经常会被视为糟糕的写作风格。无论什么文件形式，"conclusions"（结论）这个简单的标题通常就足够了。唯一能回答这个问题的人就是提出这个问题的作者，那么又何必去提问呢？但是，作者有时候会提出一连串问题，这些问题把读者的注意力吸引到他们可能想要表述的内容上，每一个问题后面都有相应的答案，例如：

How does the machine work?
It works by...
该机器如何工作？它（通过）……工作。

How much does it cost?
The basic cost is...
这个（设备）多少钱？基本成本需要……

What about maintenance?
A thorough overhaul has to be carried out...
维护（的频率）如何？……必须进行一次彻底的检修。

这一写作技巧通常应用在销售说明书里，基础的操作指南手册

203

这就是工科写作

中有时也可以使用，而在有些文件种类（比如技术报告）中，这种写作技巧很难说是合适的。

英文句点过去常常在缩写中出现。缩写的类型有两种，名称的缩写（比如"U.N.O."）和源自拉丁语词汇的缩写（比如"e.g."和"i.e."）。这些用法现在比较罕见，现代的写作惯例允许单词首字母直接连在一起（比如"UNO""eg""ie"）。如果缩写有可能造成读者对术语的误解，作者最好完整地写出该术语。例如"litres"（公升）这个单位，如果把它缩写成一个字母"l"，读者就可能把它误解成别的意思。如果某个公司或组织的名称中保留了句点，那么写作中当然要使用这些句点。还要在这里补充的是，现在不鼓励使用"eg"或"ie"这样以拉丁语为基础的表达，写成完整形式的"for example"或"that is"被认为是更好的写作风格。

人们现在发短信时大大减少了标点的使用，这样的做法把写作风格削弱至最低的程度。句子结尾的句号普遍被省略掉了。如果这成为一种习惯，句号在正式的技术文件中也可能会在句尾消失。

▣ 实例演练 5.5　句号和问号

给这段话加上正确的标点。

Listening is a difficult task speakers must keep this in mind and decide exactly how much information to give their audience how can the details of, for example, a report be given in a presentation generally

第五章 句子、标点符号与段落

it is better to speak about the overall message and give the audience essential details in writing, perhaps in a handout a document can have figures accurate to several decimal places if necessary but it is not sensible to give that in speech.

［参考译文：倾听是一项艰巨的任务演说人必须牢记这一点并且判断究竟应该给听众多少信息某些细节（比如报告的细节）如何在一次介绍会呈现一般最好谈一谈整体的信息并把重要的细节放在书面文件中，可能是放在一份传单里如果有必要，一份文件可以含有精确到小数点后几位的数字但是在演讲中这样做是不切实际的。］

分 号

分号有时可以替代句号发挥作用。如果两个句子在主题上密切相关、互相对照或具有一个共同的因素，作者可以通过使用分号连接这两个句子来强调它们之间的关系。

The design of the bridge was superb at the time; today it has to carry too much heavy traffic.

那座桥的设计在当时是一流的；今天它不得不承载太多的运输量。

这个例子中，每个句子都是一个准确的、语法正确的整体，它们本身都合乎逻辑，表达了完整的意义，信息之间的联系也很强。通过在第一句话结尾使用分号代替句号（分号后面跟小写字母），这种联系得到强调。使用分号可以形成一种优美的写作风格。如果没有被过度使用，这种风格可以是最有效的。

分号可以用来分割列表中的信息模块，例如：

> The following hazards must be considered:
> 1. insulation and protection from electric shock;
> 2. possible fire risks and the location of fire extinguishers;
> 3. testing of pressurised or other highly stressed components.
>
> 必须考虑下列潜在危险：
> 1. 绝缘和防触电；
> 2. 火灾隐患及灭火器位置；
> 3. 加压组件或其他高度受力组件的测试。

如今，人们常常省略这些分号。只要列表中的各个条目较短，这是可以接受的；如果列表中的条目超过一行，那么为了呈现作者的意思，标点符号应该保留。

冒 号

冒号不能与分号互换。冒号最常见的用法是引出一个示例（就像下面这个列表的介绍语所使用的冒号一样），或表示引用已发表

第五章 句子、标点符号与段落

的资料。

冒号也可以引出列表，如下例所示：

The equipment needed for this test is as follows:
- oscilloscope
- digital voltmeter
- signal generator
- logic analyser
- power supplies
- soldering iron.

本次测试所需设备如下：
- 示波器
- 数字电压表
- 信号发生器
- 逻辑分析仪
- 电源
- 烙铁。

要注意的是，由于这个列表中的所有条目都非常短，除了末尾处的句号，其他每条条目的结尾都没有使用标点。

实例演练 5.6　分号和冒号

为本段文字正确添加分号和冒号。

There are two forms of the English language written and spoken. Writing has three main features its readers may be assumed but cannot be known with certainty it tends to be more formal than speech it is a lasting form of communication and it may be used in a way that the writer did not intend.

Spoken language tends to use more words they will usually be less formal and may be abbreviations such as "hasn't". Unless it is recorded, a speech belongs only to its immediate occasion and purpose which may be beneficial to the audience or not. As the philosopher Voltaire said "Men use speech only to conceal their thoughts."

（参考译文：英语这门语言有两种形式书面语与口语。书面写作有三大特色作者可以假设作品的读者却又无法确切地知道他们是谁写作往往比说话更正式它是一种可以持久存在的交流方式且可能会以一种与作者本意相悖的方式被他人阅读。

口语的句子往往会用到更多的单词它们通常不那么正式可能还会用到缩略形式比如"hasn't"。除非有人把口头说的话录下来，否则它只能服务于当时的场合和目的，听众或许会从中受益也可能不会。正如哲学家伏尔泰所说的"人使用语言只是为了掩饰思想"。）

第五章 句子、标点符号与段落

有时候，列表的条目是前面信息的详细版本。在这种情况下，作者可以把列表中的所有信息写成一句连贯的话：

There are three levels of checking in place for company documentation: highly complex for safety manuals, comprehensive for material going out to clients, and a simpler, but still rigorous, system for internal documents.

公司文件的检查有三种等级：安全手册需要高度复杂的检查；外出见客户携带的材料要全面检查；内部文件的检查相对简单，但也要严格、系统地检查。

逗 号

某种程度上，逗号是一种棘手的标点。作者常常遵守规则使用逗号，但是在某种程度上，他们也根据语感做出选择。

逗号最常见的用法是把句子的主要部分与从属信息分隔开来，这种分隔或是为了使句子的意思清晰，或是让读者自然地"喘口气"。这是逗号用法中很重要的一部分，长句中"自然的停顿"可以帮助读者理解句中已经给出的信息并为接下来的内容做准备。在下面这个示例中，我们可以清晰地看出，逗号可以用来在句子内部分隔内容：

When the bridge was first built, it was adequate for traffic requirements.

这座大桥刚刚建成时，是可以满足交通需要的。

如果大声地读出这个句子，我们应在从属信息的末尾（"built"之后）自然地停顿，然后再继续读句子的主要部分。当然，这句话的顺序也可以反过来：

The bridge was adequate for traffic requirements, when it was first built.

这座大桥是可以满足交通需要的，在它刚刚建成之时。

因为"语感"，我们也许不会感觉"requirements"之后需要一个逗号，但是一旦从属信息变得很长，我们就需要使用逗号稍作停顿：

The bridge was originally adequate for traffic requirements, but today there are frequent holdups and sometimes long queues stretching back towards the motorway.

这座大桥原本是可以满足交通需求的，如今，桥上却经常出现交通堵塞，车子排起的"长龙"有时可以向后一路延伸至高速公路。

第五章 句子、标点符号与段落

正如我们所看到的，从属信息可以既不出现在句首也不出现在句尾，而是出现在句子中间：

The bridge, originally adequate for traffic requirements, is today the scene of frequent holdups and the cause of long queues.

这座大桥——原本它可以满足交通需要——现在频繁发生交通阻塞，导致汽车排起"长龙"。

现在词组"originally adequate for traffic requirements"被两个逗号一前一后围住，这样它便与主句分开了。没有这个部分，主句也能说得通。两个逗号都是必需的，如果少了一个，这个句子读起来就不顺了。

两个逗号之间的内容省略后不会改变句子意思。很多词组都可以这样使用，比如"on the other hand"（另一方面）、"nevertheless"（虽然如此）、"in spite of"（尽管）。

There is, however, a plan to build a second bridge over the river. Nevertheless, for the time being the problem will remain.

然而，人们计划在这条河上再建一座桥。虽然如此，这个问题暂时依然存在。

It is possible to avoid the long queues, however.

不过，还是有可能避免汽车排"长龙"的。

The detour needed, it must be remembered, is lengthy.

绕行道路——这一点必须要记住——很长。

从这些例子中，我们可以看到一个或两个逗号把"评论性的"单词和短语与句子的其他部分隔开，逗号的数量取决于评论在句子中的位置。现在有种省略一个逗号或将两个逗号都省略的趋势，这会导致句子模棱两可：

The bridges, which cross the river, are in urgent need of repair.

大桥——它们横跨这条河——都亟待修缮。

The bridges which cross the river are in urgent need of repair.

横跨这条河的大桥都亟待修缮。

第一句的意思是，所有的大桥都横跨这条河且都需要得到修缮；第二句的意思是，只有横跨这条河的那些大桥需要得到修缮（那些跨越铁路线的桥处于良好状态）。作者可以通过大声朗读对这两个句子进行检查。声音的自然停顿会清晰地体现两句话的意思差别。写作过程中，我们要根据有无逗号来体现表达的是哪种意思。

第五章 句子、标点符号与段落

还有一个"评论性的"单词或短语的情况值得我们注意。有时候我们在介绍一个人、一本书或一篇文章等内容时会加上说明性的注解，比如：

Emily Hudson, an engineer who works locally, came to the meeting.
艾米莉·哈德森，一位在当地工作的工程师，来参加了会议。

Emily Hudson, chairperson of the local branch of the institution, came to the meeting.
艾米莉·哈德森，该机构当地分支机构的主席，来参加了会议。

Emily Hudson's book, which has been so well reviewed, will be on sale after the meeting.
艾米莉·哈德森的书，很受好评，将在会后开售。

Modern Bridge Design, by Emily Hudson, is on sale now.
《现代桥梁设计》，由艾米莉·哈德森撰写，现在正在发售。

对于其他评论性单词和短语，相同的规则也同样适用：一前一

这就是工科写作

后各有一个逗号,将评论与句子的其他部分隔开。

当列表中各个短的项目不是在页面上逐条列出而是嵌入文本时,逗号也可以用来分隔这些项目。

> In digital electronic hardware testing, the engineer makes use of an oscilloscope, a dvm, a signal or pulse generator and a logic analyser.
> 数字化电子硬件测试过程中,工程师使用一个示波器、一个数字电压表、一个信号/脉冲发生器和一个逻辑分析仪。

列表末尾的"and"前通常没有逗号,但是这也不是绝对的规则。有些逗号是可以帮助读者的,其中就包括"and"前的逗号(通常学校里禁止这样使用)。逗号如果使句子的意思更清晰,就应该使用:

> I crossed the bridge and the mountains lay all before me.
> 我跨越了桥梁山川横亘在我们眼前。

读者可能会理解成"我跨越了桥梁和山川"(I crossed the bridge and the mountains)。随着继续阅读,读者会发现句子的意思逐渐明了,需要重新理解句子。添加逗号可以让句子易于理解:

第五章 句子、标点符号与段落

I crossed the bridge, and the mountains lay all before me.
我跨越了桥梁，山川横亘在我们眼前。

有时候，一个句子里会用到两处或更多"and"，它们有不同的作用。以下面这句话为例：

I crossed the flat marshland and then the bridge and at last the vast and beautiful mountains came into sight.
我跨越了平坦的沼泽地和桥梁和最后辽阔和秀美的山川映入我的眼帘。

这个句子包含了三种类型的"and"。第一个"and"和第三个"and"把相关的信息连接起来，它们相对来说没那么重要。"vast and beautiful"其实可以理解成一个短语。读到"bridge"这个词，声音自然地在它后面停顿，这就是逗号应该放置的地方：

I crossed the flat marshland and then the bridge, and at last the vast and beautiful mountains came into sight.
我跨越了平坦的沼泽地和桥梁，最后辽阔和秀美的山川映入我的眼帘。

省略这类逗号可能会造成句子模棱两可：

I went to the meeting with Stefan and Sarah and Peter came later.

我去参会和我一起的是斯蒂芬以及莎拉以及彼得来晚了。

我们在讲这句话的时候会进行自然的音调变化，这会使句子的意思明确。但在阅读这句话时，我们不清楚和"我"一起的是斯蒂芬和莎拉（彼得来晚了）还是和"我"一起参会的只有斯蒂芬一个人（莎拉和彼得来晚了）。我们可以给这句话添一个逗号，强调重要的那个"and"（也就是"斯蒂芬以及莎拉"后面的"and"），让句子的意思明确、无歧义。这个逗号实际上体现了这句话在口语中的停顿——这常常就是逗号要完成的任务。

这一章多次使用声音作为指引工具，它确实能起到很好的指引作用。你在写作时若有不确定的地方，就大声地把文字读出来，注意声音在哪里自然地停顿，然后在停顿的地方添加逗号。

实例演练 5.7 逗号

给下面这段话加上适当的逗号。

The need for punctuation to be well taught was never greater. The widespread use of social media at work at home in leisure activities has affected the way in which a younger generation writes. In the past

第五章 句子、标点符号与段落

schools emphasised the need to write and punctuate accurately and no doubt many still do but this is constantly undermined by media in which punctuation even full stops and initial capital letters is ignored. The implications for engineering writhing with its emphasis on accuracy and logical presentation are profound. If for example a contract is written inaccurately the effects could be catastrophic; if to take an even more serious instance procedures which have complex health and safety implications are inaccurately presented lives might be put at risk.

（参考译文：我们对标点符号使用指导的需求前所未有地强烈。社交媒体在办公室居家娱乐活动等场景广泛使用这影响了年轻一代书写的方式。过去学校强调的是书写的需要强调要准确地添加标点符号毫无疑问现在很多学校仍然这样做但是这不断受到社交媒体的冲击。这些社交媒体不重视标点符号的应用甚至忽略句号和英文首字母大写。工程类写作强调准确性和逻辑表达它的影响是深远的。如果合同的书写不准确后果可能是灾难性的。举一个更严重的例子如果对健康和安全有着复杂影响的程序表述不正确他人的生命将被置于危险之中。）

引　号

现在引号用得没有以前多了。对于长度超过一行的引用，惯常做法是另起一行。引用部分要缩进，引用结束后正文不需要缩进。

这就是工科写作

但是,对于较短的引用内容,我们仍然需要做出标记,此时需要使用引号。通常做法是使用引号把引用的内容标出来:

> Earlier in this book, it was stated that, in writing, "shock tactics apparently work, but are not recommended". We want the reader to concentrate on the message rather than to be distracted by a gimmick of the writer.

本书前面的章节中有文字如此陈述:"这一招'出奇制胜'似乎奏效了,但是本书并不推荐这样的做法。"我们希望读者聚焦在信息本身,而不是被作者的小花招分散了注意力。

文章中所有引用内容都应标明。

过去,引号用来强调特定的某些单词和短语。如果文章的写作风格很好,这是没有必要的,应该避免这样做。

破折号和括号

破折号也可以用来分隔评论性话语或例子——就像这句话一样——作为逗号的替代。破折号在文体上较为不正式。技术写作应避免使用破折号,尤其是在文中含有数学信息时,破折号很容易被当作负号。

另一方面,括号是"沉重的"标点符号,会打断阅读的进程。

大部分情况下，被括号分隔的信息不是句子组成成分。括号有两种常见用法，像"（请见表 6.1）"这样的注释是一种；另一种用法是，在第一次使用术语的完整形式之后，在括号中写出其缩略形式。括号也可以用于表现讽刺或个人评论，比如前面有一句关于逗号的句子：

There are also commas which are placed to help the reader, for instance the comma before "and"（usually forbidden in school!）.

有些逗号是可以帮助读者的，其中就包括"and"前的逗号（通常学校里禁止这样使用）。

这样的用法在技术写作中明显是罕见的。在任何情况下，使用太多的括号都会让文章看上去沉重无趣。

括号还可以作为公式的一部分使用，当然，这是另外一个议题。

连字号

人们有时会把连字号和破折号混淆，但是连字号"-"比破折号"——"（英文形式为"—"）短，而且连字号前后没有空格。连字号可以用来把两个词连接起来。两个词如果被连接在一起，它们便获得了新的含义，比如"re-cover"的意思是"重新覆盖"，而

这就是工科写作

"recover"的意思是"恢复常态";"cross-section"的意思是"典型",而"cross section"的意思是"横截面"。连字号可以强调"重复"这一概念,比如,"make and re-make"(制作与重新制作),强调的是"re"(重复)这一层面的意思。最重要的是,连字号可以用来帮助读者阅读,比如表示"再度出现"时,"re-emerge"就比"reemerge"更容易辨认。这对写作的流畅性有很大的影响。如果读者需要经常在阅读的过程中做调整,阅读速度就会减缓,阅读体验也会不好。

现在的趋势是尽可能地省略连字号,而这种趋势常常会受到过度演绎。"cooperate"(合作)或"subcontract"(分包合同)这样的词中不使用连字号是不太可能造成问题的;但像"reallife"(即"real-life","现实的")这样的词看上去就很奇怪,有时还会令人难以辨认。如果添加一个连字号就能让读者更加容易理解,细心的作者一定会使用连字号。

很多新词最初带有连字号,之后慢慢演变成一个不带连字号的单词,比如"online"(在线)、"bandwidth"(带宽)以及(奇怪地演变成今天这种形式的)"email"(电子邮件)。这些单词的形式一旦建立起来就很少再造成问题。

当一个单词被分开到两行文字中,"词内换行"现象就会出现。不过,除非要把文字输入较窄的竖列中,这种现象比较罕见。一旦发生了这种"词内换行"现象,作者可以使用连字号吸引读者的注意力。尤其是如果被分开的单词可以作为两个单词来读,作者最好使用连字号。例如"rearrange"(重新整理)若遇到"词内换行",

可能会变成"rear range"（后面的范围）；"legend"（传奇）则可能会变成"leg end"（腿的尽头）。

科技术语通常含有连字号，它反映了两个方面的含义。这类词语有"vacuum-sealed"（真空密封的）、"three-dimensional"（三维的）以及"single-track"（单向的），这类单词还有很多。这些单词的含义取决于连字号，因此不应省略。下面这个句子读起来不顺畅，主要是因为不能立即看出哪些词是连在一起的：

The insulation is made of glass reinforced foil faced mineral wool.

绝缘材料是由玻璃增强的铝箔贴面的矿物棉制成的。

只要加上连字号，句子的意思马上就明确了：

The insulation is made of glass-reinforced foil-faced mineral wool.

绝缘材料是由玻璃增强铝箔面矿物棉制成的。

撇 号

撇号比其他任何标点符号都更令人头疼。它不是在以"s"结尾的复数单词后面过度使用，就是被完全忽略（即使完全忽略会引起歧义）。撇号有两种用法：

这就是工科写作

- 表示某处有一个或多个字母被省略
- 表示所属关系

第一种用法在技术写作中比较少见,因为那不是正式的风格。发给同事的便条或电子邮件中可能出现第一种用法:

Please let Sanjeev know that I can't be at the meeting tomorrow. I've got to be on the plane for New York by lunchtime.

请告诉桑吉夫我明天不能参会了,我必须在午饭前赶上那班去纽约的飞机。

作为一张写给同事的便条,这是可以接受的,两个缩略形式"can't"和"I've"都是恰当的。"can't"是"cannot"的缩写形式,撇号表示这里省略了"no"。同样,"ha"从"I have"中省略掉了,留下了"I've",这是口语以及非正式书面语的用法。在大多数专业性写作中,作者必须完整地拼写出这些单词:应该是"it is",而不是"it's"("it's"是"it is"或"it has"的缩略形式,由于有字母被省略,"it's"带有撇号)。

第二种用法更难。它说明了一件物品的所有者,比如"the engineer's logbook"(工程师的工作日志)。它还能表示一件物品是否有多个所有者,比如"the engineers' logbook"(工程师们的工作日志)表明正在讨论的这本工作日志是由多个工程师共享的。一般来说，英语中的撇号（表示所属关系时）若遇到单数词，撇号在字母"s"前；若遇到复数词，撇号在字母"s"后，就像本段所举的例子一样。

不过，有些例外情况。有些词不用加"s"来构成复数，这类词最常见的有"men"（男人）、"women"（女人）、"children"（儿童）和"people"（人们）。这些单词已经是复数了，所以撇号在字母"s"前，写作"men's overcoats"（男式大衣）、"women's shoes"（女式鞋）、"children's bicycles"（儿童自行车）和"people's opinions"（人们的看法）。英语中还有一些特别的复数形式，比如把单数词结尾的"y"变为"ies"，例如"secretary"（秘书，单数）和"secretaries"（秘书，复数）。所有格（按照一般规则）写成"secretaries's"就会比较麻烦，所以撇号之后的"s"要省略，例如"secretaries' desks"（秘书们的办公桌）。

有一组词也表示所属关系，但是从不使用撇号：

mine, thine, his, hers, its, ours, yours, theirs

我的，你的，他的，她的，它的，我们的，你们的，他们的

"its"不带撇号，意思是"属于它的"。它最容易造成混淆不清，如下面的句子所示：

It's my car that has its lights on.

它是我的车，它的灯亮着。

"it's" 在这里是 "it is" 的意思，带有撇号；"its" 表示的是所属关系（灯是属于车的），不带撇号。

作者可以问自己一个问题——这里是用 "it's" 来表示 "it has" 或 "it is" 的意思吗？这是记住两者之间差别的最好办法。如果答案都不是，那么就用不带撇号的 "its"，就是这么简单！

很多作者对撇号感到不舒服，所以就把撇号全部省略。通常情况下，这也不是很重要的事情，而且这可能要比文章中出现一些不必要的撇号好一些。

撇号的位置有时候可以令句子的意思发生改变：

Our client's money has disappeared from the bank.
我们的客户的钱从银行消失了。

Our clients' money has disappeared from the bank.
我们的客户们的钱从银行消失了。

在第一句话中，只有一个客户会感到愤怒；在第二句话中，我们要面对的不只是一个客户，而可能是一群愤怒的客户。只有撇号的位置能够告诉我们要面对哪一种情况。幸运的是，我们从实践总结出一条简单易行的法则，可以用它来判断撇号是否放在正确的位置：把单词以及撇号都写出来，盖住撇号以及它后面的所有内容，

第五章 句子、标点符号与段落

然后问自己两个问题——余下的单词是一个有意义的英语单词吗？余下的内容是你要表达的内容吗？如果对这两个问题的答案都是肯定的，那么撇号就放在了正确的位置。比如：

> There is a problem with the secretary's computer.
> 秘书的电脑有问题。

我们应用上文提到的法则之后，余下的单词"secretary"是一个完美的单数词。如果这是作者要表达的意思，撇号在这句话中的位置就是正确的。但是，如果"问题"延展到几位秘书的电脑上，我们可能就会写成这样："secretarie's computers"。我们应用上述法则之后会得到一个单词"secretarie"，这明显是不对的。那么，撇号的位置可以改为：

> There is a problem with the secretaries' computers.
> 秘书们的电脑有问题。

出于写作风格的考虑，我们改变表达方式以避免使用撇号有时反而比较好。比如，"the book's pages"这样的表达不是很舒服，但是写成"the pages of the book"就更有吸引力一些。这种倒置通常是一种有用的方法，不过最好还是先大声念出来听一下效果。选择听起来更自然的表达方式，而听上去"自然的方式"可能就是"of the"形式。这种形式有另外一点好处，那就是让犹豫的作者摒弃

这就是工科写作

可怕的撇号。

我们前面在描述标点符号的主要类型时给读者们列出了一个实用的自测清单。你不能确定如何在技术写作（或非技术写作）中添加标点时，就可以参考这份清单。最后让我们以一组实例演练结束本小节。

实例演练 5.8 撇号

给下面这段文字加上正确的撇号。

Keeping information up to date is a problem thats constantly in the mind of engineering writers. If youre giving a talk, you can check that what you say is accurate just a few minutes before you start, but when youre writing, especially for publication, you dont have that luxury. Youll have to make sure, of course, that its all accurate at the last possible moment but its not possible to change whats been published except by a new edition and its a long job to produce one. Information must be accurate: its value depends on that.

（参考译文：保持信息更新是工程作者经常要面对的一个问题。如果你要做一场演讲，在开场前几分钟内是可以确认自己所要讲的内容是否准确的，但是在写作时，尤其是写作出版作品时，就没有这种余地了。你必须保证，在最后一刻所有的信息都是准确的。但是，已经出版的内容不可能更改了，除非再出版新的版本，而新版问世的过程是漫长的。信息必须准确——其价值取决于此。）

实例演练 5.9 标点符号

给下面的段落加上正确的标点符号。

Businesspeople are more likely to take the train it seems if the total journey time is three hours or less however if its longer they will consider flying its a pity that train journeys are so often plagued by mobile phones an everpresent menace especially to those who would like a quiet journey on which to read their kindles use their laptops or in extreme cases go to sleep at least nowadays there is the occasional quiet coach where its possible to escape from the mobile and its noisy users

（参考译文：商务人士更有可能乘坐火车似乎是这样的如果行程总时长差不多三个小时但是如果时间更久他们会考虑乘飞机可惜的是坐火车的行程常常受到手机的折磨手机是一种无时无刻不在惹人讨厌的事物尤其对于那些更喜欢安静的人们他们会在旅程中阅读或使用笔记本电脑工作或者什么也不做只是睡觉现在火车上有时会有静音车厢在这些车厢里你可以远离手机和摆脱吵闹的玩手机的人）

这就是工科写作

段　落

正如前面所描述的，句子至少含有一个主要内容（即主句，它本身是完整的句子），通常还会有从属信息（从句或短语）附着在主句上。段落由一系列内容要点发展而来，所有这些内容要点都由一个中心主题联系起来。

段落的定义

段落可以由一个内容要点扩展而成，也可以由一系列通过主题联结的内容要点构成，最后形成一段有组织、有逻辑的段落。对段落的定义不像本章前面对句子的定义那样死板，针对段落写作的规则也较少。

没有段落的文本很难让人读下去。不留任何空隙、一页页密密麻麻地印在纸上的信息会让读者感到不知所措，读者几乎不可能跟上文章的逻辑思路（即使文章有逻辑）。

段落的结尾可以给读者喘息的空间，读者可以借此确保在继续阅读下一主题之前理解了前面一系列的内容。段落还可以用来把页面分成各个部分，鼓励读者继续阅读。

段落长度

根据文件的主题和格式，段落的长度不同。一般而言，无论是

第五章　句子、标点符号与段落

在信息量方面，还是从页面空间的角度来看，一页有三至四个自然段是合适的。

电子邮件、商业信函和报告的段落往往要比文章或书籍的段落短。电子邮件常常由一两个段落组成，商业信函的一个页面上则可能有五六个段落。报告和商业信函差不多，但报告的不同结构决定了一页上段落数量会有不同。

这里有一个明显的矛盾点：段落长度由主题的统一性和排版的美观性两方面因素决定。在实践中，这样的双重标准并不是严重的问题。意识到文本重要性的作者通常会对段落做规划，以使文本协调统一。工程报告中的长段落有时可以细分为两三个单独的主题，由共同的主线贯穿。段落之间的联系能让读者弄明白文本的结构，这种联系本身也是良好写作风格的特征。

段落的主题必须是清晰的。作者通常可以在开头用一个简短的句子来表达段落主题，也可以在结尾用另外一些词对段落主题做总结。主题可以通过细节、例子或类比等手段构建、解释和阐明，甚至也可能被其他句子表达的观点破坏。随着作者完成对一个主题的考察并展开下一个主题，一个新的自然段开启，向读者表明主题的转变。

段落的编号系统

在某些文件的写作中，给段落编号是恰当的做法。举例来说，技术说明可能会讨论一些话题（一个段落讨论一个话题），给段落

这就是工科写作

编号就会让这份材料更容易使用。处理信息的工程师不仅可以在处理每一段落的信息时打勾做检查，而且还可以在围绕这份说明的沟通中使用相应的编号。有的报告有段落编号系统，不过这种报告主要是会议或通过电话讨论过的短报告。有些组织机构要求建立段落编号系统，在这种情况下，员工是没有选择的，只能遵从这套系统。更有帮助的报告结构在本书第二章中已经给出。

各段落主题的统一

我们已经说明，作者必须对段落进行规划。如果以上一段为例，我们可以看到开篇的短句包含这个段落的主题，即段落有时候是需要编号的。第二句话举例说明了什么样的材料适合编号，第三句话说明了编号可能对工程师提供帮助的两种方式。这个段落随后介绍了另一种段落编号方式，最后以对这种编号方式的保留意见结束。接着，新的段落用过渡语"It is already clear..."（我们已经说明……）介绍了一个新的主题"段落的规划"。

组织段落信息有很多不同方式，它的基本准则是：确定主题，然后把相关信息放在同一个段落，但段落不能冗长。作者最好能在段落开头向读者表明主题；如果要过渡到新的主题，就开启新的段落。

第五章　句子、标点符号与段落

实例演练 5.10　段落

以下文字是对一篇关于亨伯大桥的文章做的笔记，这些笔记并没有按照顺序排列，每一条笔记内容代表着背后有更多的细节信息。将这些笔记归整到不同的主题下，每个主题都可以写成一段话。

1. 亨伯大桥于 1973 年动工，英国女王于 1981 年 7 月宣布大桥开通。

2. 这座桥将之前距离遥远的两个区域连接了起来，提高了商业和工业发展的潜力。

3. 这座单跨悬索桥长 2220 米。开通之时，它是世界上同类型桥梁中最长的一座。现在它是世界上第八长的单跨悬索桥。

4. 为助力慈善，亨伯大桥半马每年 6 月举行。参赛选手在比赛中必须跑步通过大桥两次。

5. 桥上有一双向车道，人行步道和自行车道位置较低。大桥限速每小时 50 英里（约 80 公里），过桥需付通行费。

6. 选择在这里建造一座悬索桥是因为亨伯河的河床不断移动，航道也在不断变化，而河口不能被堵塞。

7. 过去，这里只有一条行驶缓慢而又笨重的渡船将东约克郡和北林肯郡相连，渡船主要是供家庭日出游使用。

8. 每座塔由两个高 155.5 米的中空垂直混凝土柱构成。

9. 这座大桥横跨在由特伦特河和乌斯河的河口形成的亨伯

这就是工科写作

河上。

10. 大桥可以承受恒速运动,在每小时 80 英里(约 129 千米)的大风中弯曲可达三米。

11. 若从这座大桥通行,赫尔(约克郡)和格里姆斯比(林肯郡)之间的旅行距离将缩短 80 公里。

12. 这座桥的两座塔楼都是垂直的,但由于地球曲率,两座塔楼在顶部的间距要比底部间距多出 36 毫米。

这里顺便提一下,我们应该注意到,有些段落只含有一个句子,这个句子就是关于这个主题的所有内容。信函常常以这种一句话式的段落收尾,比如"期待您的来信"。因为没有更多的内容要说,这七个字就形成了一个完整的、正确的段落。

列　表

列表可能会使一个段落分成两段,可以在页面上留出更多空间,还能帮助读者一次理解一个观点。当我们需要记住较多信息以供将来使用的时候(比如为了考试),这一工具就特别有用。比如,要背诵下面这些内容并不容易:

Preventive maintenance should be considered when the time interval between breakdowns of the equipment can be predicted reasonably accurately, or when it costs less than the cost of repair when both costs include that of any lost production. It may also be appropriate when the failure of equipment would disrupt subsequent production or cause customer dissatisfaction. Obviously, it should also be considered when injury could result from equipment breakdown.

预防性维护应该在可以相当准确地预测设备故障之间的时间间隔或任何产量损失成本都计入时，或其成本比修理成本少的情况下予以考虑。当设备故障会影响后续生产或导致客户不满时，进行预防性维护也是可以的。显然，预防性维护也应该在设备故障会导致人员受伤的情况下予以考虑。

显然，这一情况适合使用列表，如下：

Preventive maintenance should be considered when the following conditions apply :

1. The time interval between breakdowns of the equipment can be predicted with reasonable accuracy.

2. The cost of preventive maintenance is less than the repair cost when both include the cost of any lost production.

3. Equipment failure is likely to disrupt subsequent

production.

4. Customer dissatisfaction would result from a break in production.

5. Injury could result from equipment breakdown.

下列情况应考虑预防性维护：

1. 可以相当准确地预测设备故障之间的时间间隔；

2. 任何产量损失的成本都计入时，预防性维护成本少于修理成本；

3. 设备故障可能会影响后续的生产；

4. 生产中断会导致客户不满；

5. 设备故障可能导致人员受伤。

比起上面那个长段落，把同样的信息写成列表更容易阅读和记忆。

列表的组织和版面布局

列表有两种基本形式：

- 各个项目由项目符号标识；
- 各个项目由数字或字母标识。

基本上，当阅读或处理各个要点的顺序无关紧要的时候，使用

第五章 句子、标点符号与段落

第一种列表形式（设备部件列表可能属于这一类）；所列信息需要按顺序排列时，使用第二种列表形式（例如某个过程中的各个阶段要进行编号）。对列表进行编号是为了对某些具体项目进行交叉引用，或是像上面的例子一样帮助读者记住相关信息。列表中用数字编号的要点可能是按重要性排列的，如果不需要这样排列，那么也可以用项目符号来替代数字编号。

如果一个段落包含了数字、度量单位或日期，那么作者在段落的规划阶段要检查其中哪些信息需要强调。数字可能列在表格中更好，也可以使用"平行"句对数字做比较。下面这个段落中含有不明显的数字间的比较关系，但是要识别其中的细节是比较难的：

It is interesting to note that between January and March 2014, 1350 pcb were produced with nine operators, while between January and March 2015, seven operators produced 2869 pcb.

有趣的是，2014 年 1 月和 3 月间，9 个操作员生产了 1350 件 pcb（printed circuit board，印刷电路板），而 2015 年 1 月和 3 月间，7 个操作员生产了 2869 件 pcb。

这个段落可以改写成一个迷你表格，让数字间的对比更清晰：

January–March 2014：9 operators produced 1350 pcb（150 per operator）

January–March 2015：7 operators produced 2869 pcb （409.8 per operator）

2014年1月至3月，9个操作员生产1350了件pcb（每个操作员150件）

2015年1月至3月，7个操作员生产2869件pcb（每个操作员409.8件）

改写后，日期、操作员数量和产量数字都变得很容易识别和比较。

一般来说，使用图表、表格等形式比把数字列在正文中有更大的帮助。与技术写作的所有方面一样，作者需要考虑读者阅读的便利性和几乎所有需求。

第五章 句子、标点符号与段落

小 结

- 句子可以包含一个要点，也可以包含两个或三个紧密联系的要点，这些要点必须用连接词正确地连接起来。
- 句子一定不能太长：40个单词是合理的上限。
- 句子长度的多样性对读者有帮助。
- 句子的主要单位（主句）承载句子要点，句子要点必须能够被读者轻松地识别出来。
- 用最重要的信息作为句子开头。
- 每个句子都必须有一个完整的主动词。
- 写作要尽可能准确，冗余的单词要省略。
- 主语与谓语动词必须一致，两者都是单数或两者都是复数。
- 规划语句，积极地表达句子的意思。
- 正确的标点符号对于正确、有益地传达信息是至关重要的。
- 各个段落要有统一的主题。
- 分段设置得好，就会使页面上空出一些空间，鼓励读者继续阅读。
- 只要信息可以写成列表，就用列表列出这些信息。
- 对一系列有先后顺序的动作（比如一套程序）要用数字进行编号。
- 以一种易于使用的方式列出数字。

第六章

▶ 书面信息的形象

Writing for Engineers

书面信息形象良好的重要性

我们在本书第二章讨论了各类技术写作的格式，比如电子邮件、报告和操作指南的格式，也讨论了作者在写作风格和排版布局方面应遵循的惯常做法。然而，要保证书面信息的有效性，作者需要注意另一方面的内容：书面信息的形象。这一点在很大程度上也影响读者阅读的意愿。如果一份文件看上去既专业又吸引人，读者一定会想要阅读它；如果它的页面看上去不整齐、排版不合适，潜在读者就会失去兴趣，然后把这份文件放在一堆文件的最下面，甚至扔到废纸篓里。一份报告如果看上去就不专业，它可能就会损害作者和公司的信誉；一份操作指南若是看上去不"正式"，可能就不会被采用。

我们在本章将讨论信息呈现的两个方面：检查（确保正确的信息正确地呈现）以及印刷页面的版面设计。

事实性内容的检查

大部分文件要针对事实性错误做检查。开始写作之前，作者可能需要参考以前的同类文件、公司的文件编写指导方针、公司图书馆或专业机构收藏的书籍和杂志。完成写作后，作者要重新检查文件，以确保文件的内容在技术层面上都是正确的并且符合公司的政策规定。作者也可以征求同事的建议。

就报告或技术规范而言，文件的草拟版本可能会在作者所在的组织机构中一层一层地向上递交，给更高级别的管理者审核。这里要注意的是，审核时，任何对文件的改动都应该有合适的理由。有太多文件在受到审核时发生不必要的改动，这都是由于管理者需要彰显个人存在感（这些管理者潜在的内心反应是"如果不改动什么，怎么能体现出我做了工作或我的意见很重要呢？"）。虽然审核时会出现这种不必要的改动，作者还是要对事实进行检查。这是非常有价值的步骤，可以确保文件有逻辑地呈现正确的信息，并确认文件中的信息是可以披露的。涉及公司机密或安全的时候，对事实的检查尤为重要。

就操作指南而言，最明智的办法是请一位同事在作者的监督下实际执行这些程序。这样，如果文件漏掉了一个步骤或是措辞不清楚，这种问题就很容易被发现。当然，最好选择一个通常不会实际执行这些程序的同事；否则他/她可能会自然而然地按照正确的程序进行操作，而忽略了操作指南上的文字错误。

第六章 书面信息的形象

文本内容的检查

大家常常注意不到检查还有第二个步骤。一份文件收集了所有的事实,得到所有正确的信息,但最终写在页面上的却可能不是作者原本想要表达的内容。现在,工程师可以直接在电脑上写作,无论是在精神上还是身体上,与自己写作的内容都有着较近的距离。作者对想要表达的内容是了如指掌的,即便内容没呈现出来,他们自己也是清楚的。

人们通常不擅长检查自己的工作。大多数工程师的兴趣和耗费时间去处理的是信息,而不是写作。而且,作者自己对写作过程太过熟悉,所以很难看出哪里出了问题。这可能导致两种结果,无论对于个人还是发送文件的公司来说,它们都是很严重的。

第一种结果是,错误的数据传递给了读者(同事、客户或大众)。我们很容易想到若是估价或发票上的数字少了一个"0"会产生什么样的影响。很难想象,因为没有人愿意费心检查文件的措辞并注意到其中的错误,我们为了查出产品、系统或支付哪里出了错,每年要在电话、会议和讨论上浪费多少时间和金钱。一定有几百万!如果是工程信息,错误可能会导致更严重的后果。这些后果可能会涉及工伤事故和人身伤害。

第二种结果几乎同等严重,却更难量化。这种结果就是信誉受到损失。毕竟,读者会理所当然地认为撰写文件的工程师具有相应的专业知识。读者会根据文件给出的信息订购设备、参与成本高昂的项目,将公司信誉甚至是自己的身家性命押在文件信息的准确性

这就是工科写作

上面。一旦读者发现了一个错误,哪怕这个错误再微不足道,他们也会开始担心其他内容是否准确。数字性的信息尤其如此。如果一个单词里有一个字母位置不对或遗漏了一个字母,读者很可能要去猜这个单词应该是什么。如果一个单词里两个字母的位置颠倒了,读者就会怀疑这个作者撰写的技术说明、引用或测试报告中的**所有数字**。所有内容都可能是不对的,因此,也可能是不可信赖的。

键盘输入型错误没有简单彻底的解决办法。电脑里有内置的拼写检查工具,如果作者不把它作为唯一的检查工具,它其实是很有帮助的。拼写检查功能可以将不符合逻辑的词标出。然而,有些词虽然使用错误,但如果它合乎逻辑或是在文件中出现频率较高,电脑就不会将这些词标出来。有些错误会被拼写检查忽略,一个突出的例子是将"not"(不是)错写成了"now"(现在)。句子意思虽然颠倒了,但是似乎又完全说得通。例如:

> The car is now safe to drive.
> 这辆汽车现在可以安全驾驶。
> The car is not safe to drive.
> 这辆汽车不可以安全驾驶。

如此严重的错误只能由警觉的读者挑出来。

理想情况下,每一个文件都应该特别针对这类错误做检查。在实践中,检查的细致程度取决于对文件的重视程度。

对于简短的电子邮件和其他相对非正式的文件,我们可以在电

第六章 书面信息的形象

脑屏幕上或打印出来快速检查，这样可能就足够了。不过，对于所有要发送到公司之外的报告及类似文件以及所有技术规范、操作指南和手册，在进行事实性检查之外，我们还应该彻底检查其文字是否有误。将两道检查结合起来操作是危险的，因为事实似乎无可避免地显得更重要一些。

检查文本的最好人选几乎毫无疑问地应该是熟悉这类信息的同事。重要的一点是，这位负责检查的读者不会对作者的意思做出假设。图表、附件和方程式（最难检查的类型）也要检查。书名页常常在检查时被忽略。出现这种情况的一部分原因是人们假定它是正确的；另一部分原因是它常常含有大写字母，这些大写字母很难阅读，拼写检查功能可能也无法有效识别其中的错误。书名页有可能是读者最先看到的部分，若这一页上出现错误，其影响将尤为严重。

实例演练 6.1　检查

下面这个段落含有一些故意制造的错误，其中有一些错误可以被电脑识别出来，余下的错误则无法识别。试着识别出所有的错误，然后把你整理的错误清单与附录中的建议版本做比照。

Most industrial sheds in the aria are strategically placed on the industrial estate well away from from the town and towards the motorway. From the mid-1980s, developement also took place on the

245

old railway sidings. The single-story units are usually large and open-plan. Styles vary form brick units with large shutters and few windows to large corrigated or plane metal units with a skeletal frame and now widows. Maintenance is slow, as is rent. Refurbishment is easy, and may units incorporate a mezzanine level. The local area is wide and flat and allows for easy packing and good delivery facilities.

（参考译文：这个趋域内的大多数工业厂房都战略性地位于远离远离城市的工业园区且朝着高速公路的方向。从20世纪80年代中期开始，它们在老铁路专用线也有了发赞。这些建筑单位只有一故事，通常是大型开放式的。它们的风格各有不同，总有大遮板少窗的砖砌风格，到有钢骨构架木窗的大型有薄纹的或飞机的金属风格。维修很慢，租金也是。翻新重装很简单，有的单位可能内含一个夹楼。占地面积大，地势平，便于货物装车和配送。）

前后一致

前后不一致也会产生严重的后果，因为这暗示着作者写作随意、敷衍了事。作者在"organisation"这个单词中使用的是"s"还是"z"通常是无关紧要的，但是如果中途改变用法，读者的信心就会动摇。即使是一些看似不重要的拼写都必须前后一致，比如选择使用更常见的"eg"而不使用"e.g."；与其平行的内容也要保

第六章　书面信息的形象

持一致，所以，如果选择使用"eg"、"etc"也不要带句点。如果选择完整的形式（比如"for example"，这是现在的普遍情况），那么也必须前后一致使用完整形式。

检查的目的一部分是把前后不一致的错误找出来，另一部分是要记录下某些词语的使用情况。当文件是由一组人员共同撰写的时候，这一点尤为重要。例如，有些人员可能更愿意使用老式的写法"sub-contractors"（分包商）而不是"subcontractors"。一组人员中需要有一个人担负编辑的职责，把这些特别的地方标记出来，在文件撰写的早期告知其他作者。如此，检查也就更容易了。

第一阶段的检查永远应该是作者的责任。作者如果可以把文本放在一边不去管它，几天之后（或者最好是一个星期之后）再来检查，就比打印完五分钟之内马上检查更有可能看出文中的错误。

检查颇为耗时（没时间经常被当作不检查的借口），没有留出足够的时间或认为结尾留一个小时就能检查整份文件都是不对的。大多数人只能在短时间内集中精力，而检查过程既无聊又耗时，这意味着作者应该有规律地短暂休息。即使是每一刻钟花几分钟靠在椅背上向窗外眺望，也是有帮助的。

一份文件不仅要在电脑屏幕上检查，还要在打印出的文件上检查——即便是在今天，人们也更常阅读平摊在桌面上的文件，而不是阅读电脑屏幕上的文件。

有一个技巧会对检查有帮助，那就是拿一张空白的纸遮在文本上，一次只露出一行文字。单独一行文字可能不会完全讲得通，所以作者可以将精力集中在词语上而非句子的意义上。有些错误特别难以辨识，特别是重复使用或遗漏小词，比如"the"；也可能制造了一个与原本打算使用的单词外形一样的单词，比如把"casual"写成"causal"，或是把"from"写成"form"。

电脑是一项了不起的发明，但是它们会产生自己的问题。正是因为纠正一个错误太简单了，文思泉涌的作者会倾向于把错误留到后面纠正。然而到那时候，错误可能会被遗忘或是变得没有那么明显了。个人专属标记体系可以将这个问题消除。作者应该养成在写作过程中对文章内任何有问题的地方进行标注的习惯。任何看上去不对的地方，比如读起来不通顺的篇章、关于呈堂证词的疑问、对信息准确性突然产生的疑问等都应该立即做出标注。作者可以使用高亮显示功能，或者只是输入一串特定的字符，比如"xxxx"。这样，当篇章最终完成之时，作者就会容易辨认出有疑问的部分并且进行修订。在初次使用这个标注体系时，作者有可能会失去信心，但是这种不好的感觉不会持续太久！

如果某段文字被移动至不同位置，它可能就不再与位于前面的文字保持一致。另外增加的段落会把原有的文字挤到不同的页面上，标题可能会跟与它相关的文本分离，句尾的一个关键词可能会跑到另外一页上。解决这些恼人的问题也是检查的部分任务。

考虑到这些原因，文件应以 pdf 格式发布。这样可以尽可能确保文件保持作者原本的版面设计。

第六章 书面信息的形象

页面布局

文件的页面布局可以让阅读和检查更容易，也可以让这些过程更困难。

如果文本左右两边都对齐（所有行在相同位置结束），作者就会得到整齐的右页边。这样的页面可能看上去比较吸引人（不过这些文字表达的观点可能并不吸引人），但是，比起左边对齐（右侧不对齐）的文本，阅读和检查左右对齐的文本更困难。

如果一段较长的段落中有一些数字，那么作者要确保读者的眼睛从一行文字的末端移动到下一行文字的开头，不能让读者跳行阅读，这一点尤为重要。

字体的选择

作者选择的字体应该简洁无装饰（如果要选择带衬线的字体，多选择 Times New Roman 字体；如果要选择无衬线字体，可以选择 Arial 字体）。为方便阅读，字体要足够大。总的来说，12 号字（小四）的大小看起来比较舒服，行间距可为 1.15 倍或 1.5 倍；如果文件中含有数字信息，作者应该特别注意数字的上标和下标不会破坏文字行。

打印草稿版本的时候，作者可以选择双倍行距打印以腾出空间。这样，作者就可以在打印资料上的合适位置做笔记（不过最后的成品可能会带有密密麻麻的笔记,有些难以阅读)。

行的长度

作者也要检查行的长度。理想情况下,作者输入一行英文需要敲击键盘的次数应该在 80—100 次之间(相应的一行汉字约为 25—35 个)。如果一行字包含的字符数要比这个数字多,那么读者的眼睛就不能轻松地从一行文字的末端移到下一行文字的开头。读者会认为这份文本承载的信息过多、无法阅读,尽管读者很可能不知道为什么会这样。

空格的使用

我们已经多次强调过,页面上要留出一定的空白。页面布局应做到疏密有致,字与字、行与行、段落与段落之间要留出合适的间距,也要注意围绕文字部分边缘产生的页边空白。页面左边留有页边空白非常重要,这样就不会有文字或数字被装订进书脊。页面顶部和底部也要留有足够的空间。拥挤的页面没有吸引力,看上去承载过多信息,不太能鼓励读者继续阅读。

第六章 书面信息的形象

标题页

　　标题页通常是读者看到的第一页。标题页上应注明文件状态与文件管理信息。手册、操作指南、技术规范以及报告的标题页包含一些标准信息：标题、作者和日期，也可能会要求给出查询码以及发布文件的公司的标识、名称与地址。酌情提供文件对应客户的相关企业信息。如有需要，作者应对保密要求或版权信息做陈述。公司的模板通常会对这些细节做详细规定。工程师可以保证标题页整齐利落，这样可以使整份文件看上去更为专业。

　　很多报告以及类似的文件（至少是部分内容）可能会被复印使用。在复印这一道程序上，对页面进行编码有着显而易见的价值。因为没有编号的页面很容易被意外遗漏。复印的质量差会造成数字不清晰。对一整套复印文件进行检查是合适的。

文件装订

　　对于要以打印件形式传阅的文件，装订是完成文件的最后一步。

　　公司可能会规定装订的方式，但是采用哪种装订方式要依据文件的重要性、长度和使用寿命来选择。用订书机来装订的方式并不适用于所有类型的文件，但是对于篇幅短的公司内部文档来说却是合适的。用订书机装订的文件的最后一页容易被撕下来，订书钉可能会穿过第二页上最重要的文字。抽杆文件夹是学生经常选择的

这就是工科写作

装订方式，因为它成本低且可以重复使用。抽杆文件夹的不足之处在于文件页不能平放在桌面上，而且抽杆也容易脱落，导致文件散落。螺旋装订法应用广泛。用这种方式装订的文件很牢固，而且可以平放在桌面上，整体看上去造型美观。但是，对于过长或过短的报告，螺旋装订法并不适用。如果很多采用螺旋装订的文件一起叠放在架子上，螺旋线会缠在一起。活页夹体积大且较为笨重，但这种装订方式对于需要定期更新的文件材料是非常有用的。这种装订方式的缺点是，很容易发生有人不经允许就把里面的文件页或某些章节抽走的情况。

其他更持久的装订法常常用于重要的文件。这些文件的打印版要么有着较长的有效期，要么原本就是为了给客户留下深刻印象而制作的。事实上，一些文档确实会受益于专业的设计。如果信息是用于商业用途的、要花高价才能获取或者公司的专业形象不好，那么公司就要确保封面设计既吸引读者又能有效传达信息，这样才能对文件接收方产生最大的影响。已发表的重要报告很明显属于这一类。

保持美观

文件无论最后以什么形式完成制作，在实际使用时，它应该看上去美观，令人有良好的使用体验。我们过去曾认为，随着科技发展，现在这个时代的人们可能已经实现了无纸化办公，所有文件都可以只保存于电脑上。然而，我们实际上还没有到这一步。人们通

第六章 书面信息的形象

常使用电脑编写、更新文件,以电子的方式传递文件,但是偶尔仍要把文件打印出来阅读。纸质文档依旧有重要的影响,它应该以吸引人的外观、清晰有效的格式、正确精准的表述、无歧义且明确的写作风格来吸引读者和用户的注意力。我们花费了一定的时间和精力来制作一份能够配得上其内容的文件,最终呈现的效果应该总是令人愉悦、没有疑虑的。

这就是工科写作

小 结

- ➢ 核查所有文件的事实性内容是否准确。
- ➢ 键盘输入导致的错误将扭曲信息、破坏作者的职业信誉。
- ➢ 应检查所有文件信息呈现的准确性。
- ➢ 前后一致暗示作者认真尽责并且能够使读者安心。
- ➢ 以 pdf 格式发布文件。
- ➢ 应该选择便于读者阅读的字体、字号和行的长度（每行所含字符数）。
- ➢ 页面上留出一定的空白，让文字清晰地显示出来。
- ➢ 排版良好的标题页让整份文件具有专业的外观。
- ➢ 整体设计与装订应能有效帮助文件达到预期的效果。
- ➢ 文件应看上去既吸引读者又具有专业性，应能激发读者的信心。

第七章

写作、发表与出版

Writing for Engineers

如今，技术信息大量喷涌，大多数技术信息通过在线发布，也有大量技术信息以书籍、期刊的形式发表，还有些专业文献发表在严肃的高级刊物上。这类文件材料都要以书面形式发表。尽管大多数文件材料是由专业作者撰写的，但是，技术专家的作品也是有需求的。对于技术专家（特别是学者）来说，写作是额外任务，因为发表文章是他们合同的一部分。

本章主要是为那些以前没有发表过作品的人准备的。大多数技术性刊物看上去很权威而且通常价格高昂，而在线刊物可以影响空前庞大的读者群，数百万人点一点鼠标就能在线读到这些刊物。这样的前景是令人生畏的。新手作者可能会感到自己和已出版过作品的作者之间有一道鸿沟，这是可以理解的。

不过，这些即将成为作者的人本身也是技术性刊物市场的一部分。毫无疑问，为了了解感兴趣的领域内有什么最新资讯，他们已经评估了一系列自己兴趣领域所涉及的作品。他们可能知道哪些刊物在发表新锐观点方面最有开拓精神，哪些刊物常常跟不上最新的趋势；他们可能知道哪家出版机构出版的技术书籍更权威，几乎必然在网上看到过对这些书籍的摘录和报道并被其吸引。从了解这些

这就是工科写作

内容开始是很好的,没有聚焦点的写作几乎不会成功。满怀希望的作者应该去判断哪个出版物最适合自己的作品。

撰写文章

如何开始

对于渴望成功的作者来说,撰写文章的第一步是仔细分析想要表达的内容。作者是想陈述原创性研究的结果吗?是对之前发表的其他内容(可能是值得更广泛讨论的一篇有争议的文章)做出回应吗?文章的信息是专业的,还是面向这一专业领域的大众,或是面向领悟力强的非专业读者?

根据这些问题的答案,作者需要考虑自己的文章放在什么刊物上合适。应该放在重要刊物上吗?是以印刷形式还是在线形式发表?

文章刊发在重要刊物上的好处有:

- 文章会被同一领域的专家(有可能是国际上的专家)阅读;
- 这类刊物上发表的文章会给作者带来声誉,还会助力职业发展;
- 文章中提出的观点有可能会在较高的层面上被讨论,任何反响都会(或好或坏地)影响作者的名誉。

第七章 写作、发表与出版

当然，也有一些不好的地方：

- 编辑有可能会收到大量来自希望获得成功的新人自发提交的作品或材料；
- 有些著名作者的作品总是有偏向性；
- 审稿程序意味着作品出版可能要推迟很长时间；
- 审稿人可能不同意文章中的观点，在同意出版该文章之前可能希望作者进行一些大的改动。

作者可能会认为从所在领域内一个更流行的期刊开始会比较容易。要从正反两面去看这个问题。这样做有以下好处：

- 期刊很可能是每周或每月发行，所以递交文件材料之后很快就出版。如果是在线发行的期刊，文章会很快与读者见面。
- 这类出版频率较高的期刊的编辑需要大量的文件材料，因此编辑们会对新手作者比较宽容。
- 比起在重要刊物上发表文章，在流行期刊上发表的文章会触及更广泛的公众（虽然读者的专业知识可能没有那么渊博）；相较于在学术性期刊上发表，在大众化期刊上发表的文章更可能会被广泛阅读，从而让潜在的投资者看到。

也有一些不好的地方：

- 编辑很可能对实际的效果更感兴趣，而不是纯粹的研究；
- 令人遗憾的是，有些人会轻视那些被视为"大众化"的新闻；
- 在学术圈里，尽管文章可能因为对领域内的研究产生影响而受到重视，但一名不在赫赫有名的期刊上发表文章的大众期刊作者可能不会得到多少认可。

即将成为作者的人一定要考虑选择哪一种刊物发表文章更好，要根据文章的主题和潜在的读者群做决定。

选择期刊

作者一旦决定了自己的作品更适合哪种刊物，下一步就要对覆盖相应主题的几个期刊进行考量，选择一本合适的期刊是非常重要的。期刊中的某一篇文章表现出的特征可能不够典型，所以我们要对一些问题进行评估：

- 这本期刊声望如何，刊载的文章是否经过专人审阅；
- 期刊覆盖的信息范围是否仅限于作者的兴趣，还是说范围更广泛；
- 每篇文章的篇幅和内容深度；
- 该期刊最近是否发表过一篇与自己的作品希望覆盖的主题相同的文章。

第七章 写作、发表与出版

最后一点可能是好事也可能不是好事。如果读者已经产生兴趣，大家对这个主题展开了讨论，那么编辑可能很乐意再助推一把。但是如果在最近发行的一期期刊里已经发表了较多这个主题的文章，编辑可能在一段时间内都不会希望再碰这个主题了。

关于哪些期刊合适，作者的同事们可能会给出一些有用的建议，特别在他们有写作出版经验的情况下。一旦选定了一本期刊，作者需要找到更多问题的答案：

- 该期刊是否接受不同类型的文章，比如案例研究、技术注释或篇幅更长的文章？
- 期刊刊载的文章篇幅有多长（计算大约的数字）？有没有固定范围，比如说有一些篇幅长的文章和一系列篇幅较短的样章？
- 期刊的目标读者是谁？被刊载的文章写作风格是什么样的？
- 编辑专栏可能会给出一些建议。被刊载文章的风格能清晰地表明文章究竟是面向数量少但专业度高的读者还是面向许多感兴趣的读者。
- 被刊载文章的排版是怎样的？正文分栏还是不分栏？与正文不分栏排版的文章相比，分栏排版的文章的正文句子和段落要短一些。一些期刊为文章排版提供模板，这对新手来说是明显的有利因素。
- 期刊采用的图表是什么类型的？期刊怎么对图表做标记和编号？

- 文章末尾有没有参考文献列表？如果有，文献列表的格式如何？

这些信息可以帮助作者写出一篇能够"融入"该期刊的文章。作者要对该期刊需要什么有所了解。编辑需要改动的地方越少，这篇文章越有可能被接受。

上面的提示似乎显而易见。然而，有太多的作者在开始投稿时不管刊物需要的是什么，而是以自己认为最好的方式写作，结果文章被拒，然后对此感到惊讶（以及被冒犯）。编辑们都很忙，他们需要快速做决定，尤其在没有同行审议程序的期刊里。如果一篇文章看起来需要修改，而且编辑需要和作者来回沟通多次，那么他们就很容易拒掉这篇文章。作者可能会把文章视作珍宝，把它看作辛苦劳动的成果。但是对编辑来说，这篇文章不过是他们接触到的很多作品中的一篇而已。作者要尽可能找出有关期刊的信息，然后检查文章是否适合这份期刊。如果该期刊有排版模板，作者还要使用模板去检查排版格式是否正确。

建立联系

联系到相关人物是极其重要的，这个人可能是编辑，但是也不一定。如果要联系编辑，作者可以查看期刊的第一页。建立联系可以帮助作者提前了解文章是否会被该期刊考虑，也可以询问一些有关该期刊风格的细节信息。在线期刊每一期的开头可能会有详细

第七章 写作、发表与出版

的指导说明。给这个人发一封邮件，内容包括对文章主题的简短概述、主题与读者的关联性以及文章可能达到的长度。作者可能会收到对文章撰写有帮助的回复。比如，该期刊对这篇文章可能有兴趣；文章采用的格式符合该期刊建议的格式或者与之略有不同；以及文章不适合该期刊，但更适合其他期刊。即使编辑倾向于接受这篇文章，但最终的决定还是要等到有了全文之后，尤其是在编辑不了解作者的时候。

大部分期刊会为有意向的作者提供详细的信息，他们可能把这些信息放到网上，也可能以复印件的形式提供。这些信息很有可能包括：该期刊的专业兴趣、出版的频率以及需要花费的时间、审稿的流程（如有）、对文章长度的要求、作者必须遵从的排版格式等。在线刊物的文章长度更为灵活。这些指导性信息还会为数字材料提供更专业的帮助，提供适合于表现插图的电脑软件包。

对于线上发行的期刊，这些指导性信息可能包括：文章使用 LaTeX 软件的相关要求、图表的格式（线上发行的期刊通常鼓励使用彩色图表）、作者需要仔细核查上标或下标以保证其清晰度、参考文献的格式等。这些指导性信息还会建议，如果作者的第一语言不是英语，正文在提交之前需要由一位母语为英语的同事进行检查。

写作过程

现在，作者可以用一种适合刊物的风格开始写作了，要谨记从刊物获得的建议。如果期刊瞄准的是各个行业领域而不是学术领域，那么作者在第一段就应该把文章的要点明确写出来，并配上高质量的插图。管理人员很忙，他们可能只会扫视文章页面，只有在注意力被吸引的时候，才会停下来阅读。而学术型读者在读到专业领域内的一篇文章时，会感到有义务阅读全部内容。

文章的篇幅要比刊物设定的长度略短。如果有补充，作者就可以把之前未采用的部分补上。文章如果过长就有可能被不熟悉相应专业知识的人裁断，文章原本强调的内容可能会丢失；文章如果过长，也有可能被立即退稿。

作者要阐明文章的主要观点，如果合适，应附上参考文献；提交文章之前请同事帮忙审阅最后的版本。

递交文章前的自测清单

- 该研究的重要性和兴趣点是否清晰地表达出来了？
- 文章的标题对于读者来说是否既准确又有一定的吸引力？
- 摘要的长度是否符合要求，摘要是不是独立的一部分？
- 是否严格遵循了所有对图表、表格等的指导性建议？
- 参考文献是否准确无误？
- 是否严格遵循了针对数学内容的指导性建议？
- 文章的长度是否符合要求？
- 是否对单词拼写、语法以及标点（由人和电脑）做了全面检查？

第七章 写作、发表与出版

- 文章的格式是否完全符合出版的要求？
- 文章是否得到一两位内行同事的审阅及认可？

文章递交之后，作者可能会迎来漫长的等待。编辑不仅要评估文章的质量，而且还要评估文章是否适合本期刊。如果文章要拿出去审议，作者等待的时间将会相当长。作者可能会想给期刊编辑部写邮件了解进度，但是没等多久就给编辑部写邮件或重复发邮件是不明智的做法。最终，期刊方面总会给出结果：文章可能被接受，可能需要做些修改才能被采用，也可能会被退稿。编辑可能会解释原因，也可能不会做解释。

如果文章被刊物接受，作者可能会得到校样，并需要在规定的日期截止前抓紧时间检查这些校样。在这个阶段，作者只能做些小的改动，编辑也可能建议作者尽量避免做影响页面排版的修改（除非出错是由于印刷失误；不过现在这种情况不太可能出现了，因为作者是以电子版提交的文章）。如果审稿人或编辑给出了一些建议，作者必须认真对待这些建议（审稿人会是这个学科的知名专家）；如果作者认为完全无法接受这些改变并且不可能妥协，可以把文章撤回。

文章被拒会让作者感到难受。如果编辑最后给了一些有帮助的意见，作者会感觉受到鼓励，因为这些意见可以帮助作者提升作品质量。这些意见隐含着一层意思，那就是，这篇文章是有一些潜力的，但是，它现在可能不适合这份期刊。作者要正面对待编辑给出的建议，这会使文章日后更容易被刊物接受。大多数作者在某个阶

265

这就是工科写作

段都会遭到退稿（通常是在职业道路的早期阶段）。虽然这会让人不舒服，但对作者来说却是一次非常有用的学习经历。

会议论文

年轻工程师可接触的第一种纸质刊物通常是他们发表了演讲的会议的论文集。大部分会议组织者希望能形成一份纸质文件，永久地留存会议上的发言。这显然符合演讲人的利益。

不过，这种信息发布形式有一个主要的问题，即在实际陈述时非常完美的说明难以适合纸质刊物。大屏幕上的信息在演讲人陈述过程中意思清晰明确，而一旦没有了演讲人的陈述，这些信息可能没有任何意义。现在，人们常常不顾这一事实，让演讲人直接发一份陈述时使用的幻灯片以供使用，这让会议论文固有的问题更加凸显。面对这一要求的工程师应该提供一份书面文本和一份更完整的幻灯片。这份幻灯片要比陈述时使用的那份更完整，要能清晰地传达意义。在会议开始前要询问是否有这样的需求是值得去做的事。这样，演讲人在准备演讲的时候可以同时针对刊物准备一份更完整的幻灯片。这里特意使用了"更完整的"一词，因为演讲人可能会使用一些复杂的材料（尤其是数字材料或高级技术细节），它们虽然不能恰当地放在演讲里，但是可以通过书面文字让受众获悉。应记住的是，演讲人可能会根据会议中的讨论对自己的发言做修订或修改，演讲人是应该有机会这样做的。

第七章 写作、发表与出版

撰写评论

评论或评论性文章的写作机会有时候会开放给具有高度专业化知识的工程师。虽然编辑们希望这类评论文章结尾的署名都是知名作者的名字，但是，他们并不是每次都能找到知名的作者来撰写评论，特别是时间有限的情况下。因此，你要让负责这一版块的编辑知道，有一个人既具有期刊所涉领域的专业知识，又愿意偶尔写评论文章。显然，上文提到的关于遵循编辑意见的指导性建议在这里也适用。

出版机构也需要专家评议员对出版的材料发表评论。这样的机会不常有。让专注于作者所在领域的出版商了解到有一位具有对口专业知识的作者可以为他们效力是值得做的事。写这类评论时，重要的一点是尽可能做到公正。无论评议员对文章作者处理所涉主题的方法抱有多么强硬的态度，评议员的立场都要不偏不倚，用实例支撑自己的论点。

出版筹备

大量技术性信息以文章、会议论文的形式发表，有的技术性信息也发表在网上。在网上发布信息是一种相当快速的新观点传播方式。使用书籍这种形式发表信息面临的挑战更大。撰写书籍所需的时间更长，而且书籍写作完成至书籍出版之间的时间也是相当长

267

的，可能要一年之久；书籍所含信息失效的速度相对来说也更快。因此，撰写书籍并不是让世界快速了解一项新的、非常成功的工程学研究的最好途径。尽管如此，我们接受过的教育和培训有一部分也是通过书籍来完成的。而且，尤其是对现在的学术研究人员来说，如果没有发表过至少一部深受好评的书籍，他们是不可能在职业道路上走得比较远的。

如何开始

筹备书籍的最初几个阶段与筹备文章的前期工作相似，除了一点，那就是作者要对一些出版商做考察，判断哪一家出版商覆盖了自己所在的研究领域且备受其他专家的推崇。出版机构倾向于专精某一领域，而且会针对某一特定的读者群体出版书籍。有些出版机构专注于高级研究的市场，有些则针对高校市场或大学生。大的出版机构可能会覆盖这两种领域，但会让不同的编辑负责不同的方向。

出版机构通常有兴趣挖掘新的作者，联系对口的责任编辑并安排会面是值得去做的事情。作者在会面前有必要做好充分准备。没有编辑希望看到一份准备出版却完全是手写状态的书稿（除非作者在该领域已有一定地位）。大多数作者都需要得到编辑的建议和支持，而第一次见面对建立良好关系至关重要。

第七章 写作、发表与出版

提案撰写

出版机构需要作者提供一份书面提案。撰写提案的过程中,作者必须分析书籍要达成的目标以及目标读者。这一步很有必要也很有帮助,它帮助读者关注要撰写的内容、书籍面向什么层级以及书籍以什么形式撰写。如果可能,提案应该在第一次见面前就通过电子邮件发送给责任编辑,这样双方就可以在见面时详细讨论。

提案应尽可能多地包含下列信息:

市　场

潜在读者群。如果合适,可以按类别列出(学生、专家、普通读者等)。

对潜在读者群规模的评估。如果可以,列出它的范围(全国、西欧、国际);该书是否有可能被学术机构用作专业教材。

内　容

本书概要。列出章节标题,对每章节的内容进行说明。

本书出版原因以及本书的特色、新的研究方法。

样章(除非作者之前已出版作品)。预估本书篇幅以及写作本书所需的时间。

竞争分析

对市场上现有同类图书的简要分析,评估该提案的优势。

作者相关资料

关于作者的简短说明，重点强调作者在某领域的专业性以及前期发表的作品。

这份提案将会被发送给相关领域的专家。专家将对该书出版的需求及对读者和出版机构的价值做评估。这些专家的评估意见将会匿名发送给作者。这些意见通常会指出作品在哪些方面可以做些改进以更受市场欢迎。作者不一定非要接受这些建议，但拒绝接受这些建议需要有充分的理由。

责任编辑可能会给作者一份指导性建议。这些建议与期刊文章作者获取的指导性信息差不多，但是会特别强调著作权法。书籍作者有责任提供证据证明他/她已获得了使用其他出版资料的许可（比如引用他人著作）。

作者和出版商之间将起草一份合同。这份合同的内容包括双方的权利和责任细节，是具有法律约束力的文件。作者签署它之前可能需要获取一些专业的意见。文件打印稿的接收日期要谨慎考虑，出版商很少会介意早于规定日期收到书稿，但是如果书稿晚于规定日期交付，他们将非常不高兴。

一本书的写作是一个漫长的过程。编辑会时不时地与作者联系，看看进展如何，提供一些帮助或给出一些建议。如果遇到严重的事情造成书稿的交付延至约定日期之后，那么尽早让出版商知道这一点是既明智又有礼貌的做法。书籍常常在正式出版之前就开始做广告，交付延迟可能会导致公司内部出现一系列的问题。

第七章 写作、发表与出版

在适当的时候，作者会收到经过审校的书稿，然后是校样（有时候会提供第二套校样）。在这几个阶段，作者不应做大的更动，不过有机会还是可以看一看稿件有无遗漏之处、有无须要校正的细节。在某个时间节点，作者会收到书封的设计以及一些书封校样，应仔细地对它们进行检查。作者应使用传统的校对符号；如果某处校正比较复杂，作者应把那一部分誊写出来，给编辑附上注释，这样就会比较清楚了。

书籍制作是一个漫长的过程，但是收到样书时那种激动与兴奋之情会让作者觉得一切辛苦都是值得的。

避免偏见

作者撰写的内容是有一些限制的，作者必须遵循这些限制。如果无视它们，作者会遭到法律诉讼。煽动性的、种族歧视的或"冒犯他人的"（无论这一表达该如何理解）内容理所当然会被出版机构退稿。作者写作时要避免性别歧视，这是很重要的。在英语中，作者通常可以使用复数或把句子的顺序颠倒过来的方法替代"他/她"（"he or she"）这种累赘的表达。细心的读者可能已经发现，本书时不时地还是会用冗长累赘的表达。

作者可能还没有意识到，写作中还可能出现另一种偏见。作者很容易依据自己所属的文化背景写作。如果这本书仅供本国读者阅读还不要紧；但是，如果潜在的读者群是国际的，那么作者可能需

271

要修改措辞。比如，一些国家可能用"finance ministers"（财务部长）这个称呼而不是"chancellors of the exchequer"（财务大臣）；书籍里的例子或案例研究可能要基于非本国的材料（只要表达的意思对所有的读者都是清晰的就可以）。虽然世界上很多工程师受到的部分工程学教育与培训是用英语授课的，但是一个国际化的作者应试着避免使用英语俗语，它只会让不熟悉英语的读者感到困惑。比如，"letting the cat out of the bag"（泄露秘密），对于从未见过这个表达的人来说是非常奇怪的。

出版经纪人

与流行观点相反，作品经纪人的服务并不是只有畅销小说家才会使用。作品经纪人可以帮助作者找到合适的出版商，并负责最初与出版商的接触。他们可以起草合同，考虑到作者未想到的大多数事项。如果作者和出版商之间有了纠纷，他们可以成为可信赖的人。经纪人站在作者的立场，提供帮助、支持并给予鼓励。尽管如此，还是要补充一点，作品经纪人不太可能对一个完全不知名的作者或只写过一本书的作者抱有热情。

学术作者通常会寻求彼此的建议，他们可能只挣微薄的稿酬。不过，也有一些技术文档撰稿人希望定期写作，写出一本畅销的教科书或是撰写关于一个热门话题的系列丛书中的某一卷。这类作者几乎没有什么经验，他们也可以雇佣一个经纪人并从中受益。最新

第七章 写作、发表与出版

一期《作家与艺术家年鉴》(*Writers' and Artists' Yearbook*)给出了一些有关经纪人的建议，并列出了这些经纪人的专业领域，还提供了一些接触这些经纪人的方式。虽然经纪人会从作者的版税中抽取一定比例的提成，但他们对作者的支持以及提出的建议可能有着很高的价值。

写作出版并不是容易的过程，但这会是个有收获的过程。通过写作，作者可以把技术信息传播给热情的广大读者。在这个过程中，作者能够收获到一种愉悦感。

小 结

- ➢ 要考虑文章的主题、潜在的读者群以及你的目标期刊属于哪种类型。
- ➢ 检查所选期刊里的文章和排版,然后以相同的方式撰写自己的文章。
- ➢ 确认该期刊是否有文章排版的模板。
- ➢ 明智的做法是与编辑人员讨论日后可能发表的文章并获得指导;遵从在线期刊提供的指导性建议,为线上期刊准备材料。
- ➢ 文章长度要保持在编辑规定的范围内。
- ➢ 为会议论文准备的文件最好形成两个版本:一份供演讲陈述使用,更完整的版本用于刊物出版。
- ➢ 撰写一份书籍出版提案,如果有可能,在开始撰写前与责任编辑会面。
- ➢ 与责任编辑保持联系以便询问相关事宜以及获得专业建议。

附录 1　实例演练的解释说明及参考答案

第二章

实例演练 2.1　电子邮件

这封电子邮件并不能充分地提供有用信息（比如"我需要了解"，什么时候"需要了解"呢？如果"我"没空怎么办？）。此外，这封电子邮件的结构不清晰，读者不太容易明白发件人在表达什么意思。为了保持简洁的样式，发件人最好发一封短邮件，告诉组里的所有学生一定要阅读附件（可以在下节课上坚持让他们签字表示已读附件）。我们可以在附件中排列基本信息以保持简洁的样式。

这封邮件看上去有些臃肿，写作风格也有一些待调整的地方，如下所示：

这就是工科写作

1. "记得": 很可能是学生要记住,而不是"我"自己记得。

2. "它们": 似乎指代的是"专门的预警",但是理智告诉我们它指的是"风险"。在这一段落中,"风险"一词出现得要早得多。

3. "小心提防": 这是不太恰当的用法,谁能小心提防触电呢? 再说,即使有人触电,这封邮件的下文也没有提供任何急救信息。后面的"以及绝缘与防护"与这句话的前半部分也没有清晰的联系。

4. 各种风险没有列成列表,而是写成一行一行的文字; "把灭火器和其他消防设备放在什么地方"显然不是某种风险,而是写邮件时离题了。

5. "它们必须被保护以防范": 防范什么呢? 这句话的逻辑顺序不对。

6. "第一次"与"每一次"形成对比,掩盖了"每一次"的重要性。

7. 这封电子邮件没有突出强调特别重要的信息。

无论这封电子邮件本身是否完整,还是导向一个附件,我们可以按下面的形式重新组织语言:

学生项目:非常重要的安全问题

请各位同学在 10 月底之前将项目风险以及为防范风险建议采取的措施提报给我。

实例演练的解释说明及参考答案

应特别注意下列事故风险:

1. 触电:必须做好充分的绝缘和保护措施;

2. 火灾:要向我通报灭火器以及其他消防设备的放置位置;

3. 增压部件或其他高压部件:必须做好充分保护措施以防故障;

4. 移动部件:比如旋转轴、齿轮、传送带、滑轮组;

5. 防护装置必须放置在合适的地方;

6. 尖锐的突起物、掉落的物体等可能会在人跌倒或绊倒时造成伤害。大家任何时候都要谨慎小心,既是为自己,也是为他人。

如果要在监管区域外使用设备,你们必须采取特别的防护措施;提前与我联系。

在下列情况中,项目负责人必须在场:

1. 只要是第一次使用有事故风险的设备,项目负责人必须在场;

2. 如果该设备被评为"高风险",项目负责人每次都要在场。

如果遇到了安全问题或有相关疑问,请拨打分机274(34B房间)联系我。如果联系不上我,在开始操作之前,

277

这就是工科写作

你们必须向所在院系的安全负责人说明相关的情况以获得帮助。

  项目开始之前,你们会收到具有急救资质的员工的详细资料以及在紧急情况下应采取哪些行动的有关建议。

一年级辅导员
简·爱德华

实例演练 2.2 　有待改善的电子邮件

案例 1

  这封电子邮件语气亲切,像是在与对方聊天。然而,这是一封工作邮件,不是一封表达友好问候的邮件。会议进展顺利这件事本身是值得陈述的,不过,邮件的关键点在于表明再次召开会议的需求以及希望获取信息的要求,应该把这两点放在首位。我们可以在电子邮件的结尾简略地表达我们的友好问候:

你好,萨米亚:

可以请你如约将上次实验的数据发给我吗?我们上次的会议进展顺利,我认为我们应该再商定一个日期召开进

实例演练的解释说明及参考答案

一步的会议。我们要以目前已经达成的合作为基础继续开展研究。

祝一切顺利！

路易斯

案例2

这不是一封真实的邮件，不过它体现了很多常见的问题，其中包括：

1. "讨论的更新"：这是指哪一次讨论？什么时候讨论的？和谁一起讨论的？

2. 企业管理人员一直在与所有员工和工会代表就灵活工时的问题进行沟通。员工们毫无疑问是知道这一点的，也知道大家对这个问题的意见强烈。为什么要告诉他们一些已知的事情呢？为什么要去提醒他们这些强烈的看法可能导致争论呢？

3. "你们可能知道也可能不知道"：这句话会令读者感到恼火。他们会想："如果我知道，那么我不需要你告诉我；如果我不知道，为什么没有人来告诉我？"

4. 员工退休与他们过去对企业的忠诚服务和这个议程不相关。

5. "考虑到我们现在面对的挑战……"：职工们听到这句话会感到安心吗？

这就是工科写作

6. 暗示管理困境的关键信息放在了最后。

7. "在适当的时候"这样的表达没有任何意义,类似的"当我们腾出时间来做的时候"也没有意义。

此邮件可以改成下面的版本:

标题:工作时长的变更

我们很高兴地宣布,我们已经与工会代表们达成一致,现行的灵活工作时长系统将在3月31日终止。谢谢大家在这一问题上与我们展开的非常有益的讨论。我们会在接下来的四周内就个人工作时长问题与大家面谈。

祝好。

总经理菲利普·班克斯

实例演练 2.3 撰写商业案例

如何选择信息取决于你所在的机构,所以这里不可能提供"正确的"答案。下面提供了一些指导建议,你会发现,本实例演练最有用的地方在于你可以就自己撰写的版本与其他人展开讨论。

实例演练的解释说明及参考答案

(a)

现　状

现实的情况如何？有哪些地方体现了你的机构需要引进新设备？新设备将对现状产生什么影响？

可选方案

什么都不做的后果如何？现在可以引进的设备都是什么类型？这些新设备的初始投资、维护、相关操作培训等各方面的成本是多少？这一部分必须对各种可能性做出客观的评估。

成本收益分析

评估所选设备的各项成本，完整清晰地列出新设备的各项收益，不隐瞒任何可能会遇到的困难。若机构中另一部门使用过这一设备，也可以把他们的数据在这一部分呈现出来。

资源需求和项目工期

选择该设备会不会对员工有一定的影响？机构中有没有员工可以接受操作设备的培训？购买及安装新设备会使项目工期延误多久？

总　结

清晰、具有说服力地列出最终选择某项设备的原因及其收益，这些可以表明你为这个项目做了充分的准备。

建议方案

参考正文这一部分的有关建议，提出自己的参考意见。最后，撰写**执行概要**。

（b）

按照上面（a）场景的模板来安排商业案例的组织架构，不过要注意的是，这个案例的可选方案可能没有那么多（即使算上"不采取行动"这一选项）。成本收益分析要体现总成本，包括各种节假日的支出以及额外雇佣职工的成本（无论是从另一部门调派还是雇佣新员工）。培训等方面的支出也要计入成本；疾病等紧急情况也要予以考虑。还要考虑这些问题：该员工将对你的工作量造成怎样的影响？这次任命是临时性的还是永久性的？

实例演练 2.4　报告

这段文字不是报告，而是一篇散文。它没有标题，缺乏清晰的信息架构。一组测量值以表格的形式呈现，而另一组测量值与正文混在一起。而且，读者很难找到与当前这个测试相对照的背景信息。读者不能迅速明白各段落的信息，在读正文时也不方便查看文

实例演练的解释说明及参考答案

末的表格。这段文字把总结和推荐方案混淆了,似乎也没有明确说明应该采取什么行动。作者没有撰写摘要,读者无法对报告的基本信息有整体的认识。这份文件作为后续讨论和采取行动的基础性文本还有很多不足之处。

可以对这份文字信息进行整理,加上一段摘要,调整组织架构,形成一份常规的报告格式,如下所示:

吸音板在诺斯埃斯顿郡游泳池的降噪效果报告,2015 年 2 月摘要

应议会的要求,安德鲁·波因特博士对诺斯埃斯顿郡游泳池 2013 年安装于新手池顶棚的吸音板的降噪效果进行了评估。噪音回响时间和噪音水平显著下降,这使得方向信息和语言清晰度增加了。安全性得以提升,工作人员的工作条件也得到了改善。

建议议会考虑采用同样的吸音板扩大吸音板铺装面积。

1 背景

2013 年,诺斯埃斯顿区议会发现郡游泳池新手池的噪音水平较高。安德鲁·波因特博士是阿必玛斯大学的工程学高级讲师,他做了一系列测试,以确定不同频率下的噪音回响时间和周末平均 35 人在场时的噪音水平。这些

283

测试的结果之前在报告中有所体现，本文表1和表2再次用到了这些数据。

根据测试的结果，出于对改善噪音回响时间和噪音水平的希望，该报告建议铺装114平方米由弗雷泽与麦克法兰公司生产的吸音板。表1和表2列出了安德鲁·波因特和生产商代表的有关预测。

吸音板于2014年11月安装。2015年1月，议会要求安德鲁·波因特对该吸音板的效果进行评估。

2 吸音板的评估情况

2015年2月1日，安德鲁·波因特对新铺装的吸音板进行了检验。当时大约有35人使用该游泳池，和之前进行测试时的情况一样。

调查显示，实际安装吸音板的面积不是114平方米，而是180平方米。而且，吸音板背面的材质是玻璃纤维，与之前测试时采用的材质并不完全相同。

因此，尽管之前预测的数据并不准确，但是，之前的预测数值充分说明人们希望这些吸音板能够带来一些改变。这次调查对噪音回响时间和噪音水平进行了重新测量。

2-1 噪音回响时间的测量

本次调查测量了噪音回响时间，又将测量数据与未安装吸音板的相关数据、波因特博士与吸音板生产商所做的预测数据做对比，对比结果在表1显示。

表1 新手泳池噪音回响时间（窗帘呈打开状态）

频率 （单位：赫兹）	2013年 测量结果 （单位：秒）	波因特博士 建议方案的 对应数值 （单位：秒）	弗雷泽 与麦克法兰公 司的预测数值 （单位：秒）	2015年 测量结果 （单位：秒）
125	1.75	-	2.8	0.7
250	2.2	-	2.0	0.4
500	2.4	1.5	1.3	0.55
1000	3.8	1.65	1.5	0.8
2000	3.6	1.65	1.7	0.85
4000	3.0	1.5	1.6	0.9
8000	-	-	-	0.55

2-2 噪音水平测量

本次调查接着测量噪音水平，将测量数据与未安装吸音板的相关数据做对比，对比结果在表2显示。

表2 噪音水平

	未安装吸音板（dBA）	安装吸音板（dBA）
平均值	92	77
最大值	103	87
最小值	87	71

2-3 与工作人员的讨论

我们与新手池的服务人员和教练讨论了这些吸音板的降噪效果。他们表示在泳池环境中的语言清晰度更高了,这使得游泳新手对训练的反应更快,进而也提高了安全性。整体的噪音水平得以降低,这对工作人员是有好处的,他们能更清楚地辨别声音的方向。弄清声音来自哪个方向也是提高安全性的一个因素。总的来说,他们对铺装吸音板的顶棚很满意。

3 总结

作为上述调查的结果,安德鲁·波因特得出了以下结论:

(1)噪音回响时间比之前的预测值更短可能是因为面板背部的材质;

(2)噪音水平已经大幅降低;

(3)因为达到了第2点,在泳池中更容易捕获方向信息,语言清晰度提升。因此,安全性也提升了,服务人员和教练的工作也更加简单舒适。

4 推荐方案

根据上述总结,建议议会扩大吸音板铺装面积。如果决定扩大铺装,应使用相同型号的面板。

安德鲁·波因特,博士,注册工程师

实例演练的解释说明及参考答案

机械工程系

阿必玛斯大学

2015 年 2 月 5 日

实例演练 2.5　操作指南

在这一实例演练中,操作指南被写成了散文,读者很难使用该文件进行操作。工程师在试图按照这些文字要求去工作时会遇到一些问题,如下所示:

1. 这段指令共有 85 个字（56 个英文单词）。

2. "first of all"（首先）是冗余的用语;各个步骤前面要加上数字。

3. 这段文字告诉操作人员 "should make a statement defining..."（应写一份陈述定义……）这是说他们应该做这件事,但并不一定要去做吗?

4. "and then after"（然后,在……之后）是否意味着使用者确定所需状态变量数目后就可以开始操作?这是否在向使用者提出第二个步骤的内容?

5. "has been determined"（在决定了……）:这段文字前面告诉读者 "should define..."（应写一份陈述,定义……）但现在某些人又要去 "determine"（决定）。做决定的人身份不明,这是其他某个人另外一项职能吗?英语中的被动语态对操作指南是没什么帮助

287

的，因为它留给读者无法得到回答的问题。

6."chosen"（选择了）：是谁做了选择？什么时间做的选择？"determine"和"chosen"是两个不同的步骤还是属于一个步骤？

7."you can determine"（你可以决定）："可以"决定，但是"应该"决定吗？"必须"决定吗？

8."you"（你）指的是谁？

9."both"（既……也）：需要决定两件事项，那么需要一起决定吗？

10."and"出现了三次，这段内容应该如何划分？

操作指南（建议版本）

Design of a state machine

1. Define the state machine in terms of a state diagram.

2. Determine the number of state variables required.

3. Choose the state representations.

4. Determine the next-state functions of the present state and inputs.

5. Determine the output functions of the present state and inputs.

状态机设计

1. 根据状态图定义状态机。

实例演练的解释说明及参考答案

2. 确定所需状态变量的数量。

3. 选择状态表示形式。

4. 确定当前状态的下一状态功能然后输入。

5. 确定当前状态的输出功能然后输入。

第三章

实例演练 3.1 不同的用语风格

这一实例演练不仅测试作者能否掌握合适的正式用语，也测试作者的脑筋是否灵活。我们之前提到过"礼貌"，如果文章讨论的某一部分内容明显未得到妥当处理，对这些事情的讨论也应准确，而某一部分的写作风格明显处理不当，我们写的文件也要做到精确，不去指责任何人。

但是，这段文字本身有不少问题：

1. "done"（完成）这个词很糟糕，最好不要用。

2. "at the end of the day"（到头来）是一种陈词滥调，人们经常这样说，最好也不要用。

3. "start again from scratch"（从头再来）是俚语。

4. "it's a pity they didn't bother"（真是遗憾，他们在项目开始

这就是工科写作

的时候就不愿意听取……）这句话不礼貌，语气上过于私人化。

5. 以"documentation was"开头的这句话语气浮夸、啰唆。

6. 技术写作中应该避免直接提问。

7. "aforementioned"（上述的）这个词华而不实，没有必要用。

8. "initial"（初期）和"at the beginning"（在项目开始）说的是一件事。

这里给出一种解决方案，如下所示：

> The members of the team have so far completed three experiments, but the results seem likely to prove inconclusive and the work may have to be repeated. Wider consultation initially and a feasibility study might have highlighted a need for further preliminary work.
>
> （参考译文：到目前为止，团队成员已经完成了三项实验，但是实验结果似乎显示出不确定性，可能需要重复前面的工作。需要更广的初期咨询范围和一份可行性研究，大家需要做进一步的准备工作。）

实例演练 3.2 主动语态与被动语态

> Jim was responsible for the correct running and maintenance of the machine. When it failed to function

实例演练的解释说明及参考答案

correctly, his manager investigated, and found that Jim had not only failed to carry out regular maintenance, but had also completed the records as if he had done all that was required. The manager saw that the machine was functioning at well below capacity and that, as Jim had not positioned the guard correctly, the operative was at risk. A colleague reported that Jim had been ill at the time.

（参考译文：吉姆负责该机器的正常运行和维护。机器无法正常运转后，吉姆的经理做了一番调查，他发现吉姆没有对机器进行定期维护，却填写了完整的维护记录表，好像他完成了所有需要做的工作。经理发现该机器的生产能力极低，而且由于吉姆没有正确地放置防护装置，操作人员处于危险之中。一位同事报告说吉姆当时生病了。）

在被动语态的版本中，吉姆的职责远远不如主动语态版本中那么清楚。在被动语态版本中，机器的维护应该是由吉姆负责，还是也有其他人的参与？吉姆是否伪造了记录？应该由他负责放置防护装置吗？被动语态版本的最后一句话说到吉姆生病，这令人有些怀疑，好像有人在为吉姆低效率的工作辩解。

主动语态版本消除了这些疑点。吉姆没有对机器进行维护，更糟糕的是，他确实伪造了记录。他应该正确放置防护装置，但是他没有这样做。毫无疑问，在每一个阶段，吉姆都应受到责备。然而，

这就是工科写作

最后一句话听起来不太像借口,所以,吉姆最终可能会得到体谅。

这个案例可能是一个特别的典型案例。行动和责任人在被动语态下不清晰,主动语态下则没有任何疑点。应记住的是,这大体上就是不同语态的效果差异。因此,如果想要强调负责人,我们倾向于使用主动语态;如果不想强调,则倾向于使用被动语态。

实例演练 3.3　关键词与关联短语

有趣的是,这段文字不是专业的或经验丰富的作者写的,而是由一位具有良好语感的学生所写。大多数希望形成适合日常应用的写作风格的工程师也能写出这样清晰、流畅的作品。

> Structures which are most at risk from progressive failure are those that are highly optimised and operate at a high proportion of their ultimate load. Aerospace structures are perhaps the most obvious example of such structures and it is in the design of airframes that much attention has been paid to ensuring fail-safety. Since such structures must have as low a weight as possible, they are optimised to ensure that no part is larger than necessary. However, this means that a variation from the assumed load pattern, as would happen if local damage were sustained, could have a serious effect on members close to the site of damage if allowance is not

made for this eventuality. Fail-safe or damage-tolerant design is that which will remain serviceable even after having been damaged. The main method by which this is achieved is the incorporation of alternative load paths into the structure by means of multiple redundancy. Thus, when damage occurs, there are a number of other members which can carry the extra load.

［参考译文：高度优化的、在大比例极限荷载下运行的结构最容易发生渐进式失效。航空航天结构可能就是这种结构最明显的例子。在机身的设计中，受到重点关注的是系统的可靠性。由于必须尽可能地轻，这些结构被优化以确保没有部件大过实际需要。然而，这意味着，一旦假定荷载模式发生变化（若局部损坏持续会出现这种情况），如果没有考虑到这种可能性，靠近损坏位置的部件会受到严重的影响。系统可靠性或损伤容限设计是损坏之后仍然可供使用的设计。实现这一目标的主要方法是，通过反复迭代冗余将备用荷载路径并入这种结构。这样一来，一旦部件发生损坏，就会有很多其他部件可以承载额外的荷载。］

这就是工科写作

实例演练 3.4　具有说服力的风格

　　1. 轮班工作最大的好处是，你将有机会在一个有针对性的小团队工作。此外，轮班工作保证了工作的多样化，而且，轮班工作让你相对远离决策者和其他可以帮助你的人。这意味着，你将承担更多的个人责任。轮班工作也将带来额外的收入和假期，足以弥补它对正常家庭、社交生活的影响和可能导致的长期健康问题。

　　2. 有人认为，长期健康问题与轮班工作有关。尽管你在一个有针对性的小团队中工作，但是，你可能会远离决策者。你可能会享受到多样化的工作并承担个人责任，然而在需要帮助却无法得到帮助的时候，你获得的这些东西都可能受到冲击。更令人担忧的是，无论额外收入和假期能带来多大的工作动力，正常的家庭与社交生活是很难拥有的。

　　3. 轮班工作既有好处也有不足。由于相对远离决策者，你的工作更加多样化，你承担更多的个人责任。然而轮班工作也可能会对你正常的家庭和社交生活产生影响。这两方面需要保持平衡。有机会在一个具有针对性的小团队工作无疑是轮班工作的有益之处，额外收入和假期也很吸引人，不过，需要谨记的是，轮班工作可能会影响长期健康。

实例演练的解释说明及参考答案

第四章

实例演练 4.1 前缀

- ambi-

这个前缀的意思是 both（两者都……），如 ambidextrous（双手灵巧的）、ambiguity（模棱两可）。

- homo-

这个前缀的意思是 the same（相同），如 homologous（同源的）、homonym（同音异义词）。

- mal-

这个前缀的意思是 bad（不好的），如 malevolent（坏心肠的）、malformation（畸形）。

- meta-

这个前缀的意思是 change（变化），如 metamorphic（变质的）、metaplasm（词形变异）。

- retro-

这个前缀的意思是 backwards（向后），如 retroact（起反作用）、retro-rocket（反推进火箭）。

295

实例演练 4.2　词义混淆

The stationary vehicle was the principal cause of the traffic jam. Motorists were advised to find a different route until the police could effect a solution to the problem. Later, some implied that the authorities had been uninterested until the chief constable's car had been delayed, a charge that was strenuously denied but cited the next day in the papers.

（参考译文：静止车辆是交通堵塞的主要原因。警方建议机动车辆驾驶人员寻找另一条路线行驶，直至警方能找到解决问题的办法。之后，一些人的表态暗示政府一直没有兴趣解决问题，直到警察局长的车被延误。该指控被极力否认，但是第二天报纸却引用了这项指控。）

实例演练 4.3　不准确的表达

Members of the team attempted to start the process, but could not see how to proceed. Their position was made worse by the number of software problems for which they could not devise solutions. They were told to try again with fewer people involved, and were finally successful, avoiding the expected crisis.

（参考译文：团队成员们尝试启动程序，但是他们不

实例演练的解释说明及参考答案

明白如何才能继续进行。在遇到大量软件问题无法找到解决方案后,他们的处境更加恶化。他们被告知减少参与人员再尝试一次,最后他们成功了,避免了预期的危机。)

第五章

实例演练 5.1 句子过长

Engineers who work very long hours may suffer health problems in the long term. This is especially true if their work is particularly intensive, involving responsibility for younger and less experienced staff, and the use of delicate machinery. Employers need to be aware of the increased risk of accidents.

(参考译文:工程师长时间工作可能会遭受长期健康问题的困扰,特别是他们的工作强度高压力大、要对年轻工程师和缺乏经验的工程师负责任以及用到精密仪器的时候。雇主要意识到工程师工作时间过长会导致事故风险增加。)

注意,信息要点由一个更短的句子(即第一句)表达出来,这个句子只有 14 个英文单词。雇主的职责是新的信息,由一个独立的句子表达,即最后一句,这个句子只有 11 个英文单词。这个版

297

本避免了"intensive"(密集)和"intense"(强烈)的重复,还省略了"who need a great deal of supervision"(需要大量监督的)这样不必要的表达——"responsibility"(负责)充分表达了这一层意思。在这一语境中,原版本中的"unwise"(不明智)这个词缺乏力度。

实例演练 5.2　组织句子

案例一

版本 1,强调重型卡车的重量:
The weight of the rigs necessitated the use of a tow truck.
重型卡车重量非常大,有必要使用牵引车。

版本 2,强调需要使用牵引车:
A tow truck was needed because of the weight of the rigs.
需要使用牵引车,因为重型卡车重量非常大。

第二句话最重要的部分放在句子结尾,即放在一些不相关的信息后面。需要改变句子顺序并省略不必要的单词。

实例演练的解释说明及参考答案

案例二

In our planning application, we must take into account the effect on the boundary wall of our proposed new gateway.

在我们的规划申请中，必须考虑拟建的新大门入口会对边界围墙造成的影响。

实例演练 5.3　赘语

下面给出了原句并突出显示了不必要的内容。有时，不必要的内容是一个单词，比如"originally"（最初），因为设计阶段一定是最初的阶段；有时，可以省略整个短语，比如"to the detriment of residents"（对居民造成损害）——拥塞和污染必然对他们造成损害。

The road was **originally** designed with **the needs of** residential users predominantly in mind, although **over a number of years an element of** commercial use, **much of which consists of** retail properties, has **come into existence**. If **an additional amount of** traffic is generated, as **it well might be if** the current proposal **is implemented**, problems of increased congestion and **even more** pollution would **inevitably** result, **to the detriment of residents**.

（参考译文：这条路最初设计时主要考虑了居民的需

求,不过多年来存在某些商业性用途——其中大多数由零售地产组成。如果产生了额外的交通量,现在这个提议得以实施是很有可能的,增加的拥塞问题甚至更多的污染也将不可避免地产生,对居民造成损害。)

建议改写成下面的版本:

The road was designed mainly for residential users, although there has been some commercial development, mainly retail. The current proposal would be likely to increase both traffic congestion and pollution.

〔参考译文:这条路之前主要是为了居民而设计的,不过附近有了一定的商业发展(主要是零售业)。现在这个提议可能会增加交通拥塞和污染。〕

实例演练 5.4 过于复杂的文字

1.(Please)note that reports should show both the resource requirements for any activity which has overrun, and the normal requirements for the current period.

(参考译文:注意,报告应该显示超支的部分所需要的资源,以及当前阶段对资源的正常需求。)

2.The project group has decided to resume work with the original design, since it might not otherwise be possible to get beyond the prototype stage.

（参考译文：项目组决定使用原设计恢复工作，因为不这样做可能无法超越原型阶段。）

实例演练 5.5　句号和问号

Listening is a difficult task. Speakers must keep this in mind and decide exactly how much information to give their audience. How can the details of, for example, a report be given in a presentation? Generally it is better to speak about the overall message and give the audience essential details in writing, perhaps in a handout. A document can have figures accurate to several decimal places if necessary but it is not sensible to give that in speech.

［参考译文：倾听是一项艰巨的任务。演说人必须牢记这一点并且判断究竟应该给听众多少信息。某些细节（比如报告的细节）如何在一次介绍会呈现？一般最好谈一谈整体的信息，并把重要的细节放在书面文件中，可能是放在一份传单里。如果有必要，一份文件可以含有精确到小数点后几位的数字，但是在演讲中这样做是不切实际的。］

实例演练 5.6　分号和冒号

　　There are two forms of the English language: written and spoken. Writing has three main features: its readers may be assumed but cannot be known with certainty; it tends to be more formal than speech; it is a lasting form of communication and it may be used in a way that the writer did not intend.

　　Spoken language tends to use more words; they will usually be less formal and may be abbreviations such as "hasn't". Unless it is recorded, a speech belongs only to its immediate occasion and purpose, which may be beneficial to the audience or not. As the philosopher Voltaire said: "Men use speech only to conceal their thoughts."

　　（参考译文：英语这门语言有两种形式：书面语与口语。书面写作有三大特色：作者可以去假设读者却无法确切地知道他们是谁；写作往往比说话更正式；它是一种可以持久存在的交流方式且可能会以一种与作者本意相悖的方式被他人阅读。

　　口语的句子往往会用到更多的单词；它们通常不那么正式，可能还会用到缩略形式，比如"hasn't"。除非有人把说的话录下来，否则它只能服务于当时的场合和目的，听众或许会从中受益，也可能不会。正如哲学家伏尔泰所说的："人使用语言只是为了掩饰思想。"）

实例演练的解释说明及参考答案

实例演练 5.7　逗号

逗号不像其他某些标点符号（比如句号）那样有硬性的对错。下面给出的方案不一定是唯一正确的，你可以把自己做的版本和同事的版本放在一起比较。

The need for punctuation to be well taught was never greater. The widespread use of social media, at work, at home, in leisure activities, has affected the way in which a younger generation writes. In the past, schools emphasised the need to write and punctuate accurately and no doubt many still do, but this is constantly undermined by media in which punctuation, even full stops and initial capital letters, is ignored. The implications for engineering writing, with its emphasis on accuracy and logical presentation, are profound. If, for example, a contract is written inaccurately, the effects could be catastrophic; if, to take an even more serious instance, procedures which have complex health and safety implications are inaccurately presented, lives might be put at risk.

（参考译文：我们对标点符号使用指导的需求前所未有地强烈。社交媒体在办公室、居家、娱乐活动等场景广泛使用，这影响了年轻一代书写的方式。过去，学校强调的是书写的需要，强调要准确地添加标点符号，毫无疑问

这就是工科写作

现在很多学校仍然这样做，但是这不断受到社交媒体的冲击。这些社交媒体不重视标点符号的应用，甚至忽略句号和英文首字母大写。工程类写作强调准确性和逻辑表达，它的影响是深远的。如果合同的书写不准确，后果可能是灾难性的。举一个更严重的例子，如果对健康和安全有着复杂影响的程序表述不正确，他人的生命将被置于危险之中。）

实例演练 5.8　撇号

Keeping information up to date is a problem that's constantly in the mind of engineering writers. If you're giving a talk, you can check that what you say is accurate just a few minutes before you start, but when you're writing, especially for publication, you don't have that luxury. You'll have to make sure, of course, that it's all accurate at the last possible moment but it's not possible to change what's been published except by a new edition and it's a long job to produce one. Information must be accurate：its value depends on that.

（参考译文：保持信息更新是工程作者经常要面对的一个问题。如果你要做一场演讲，在开场前几分钟内，是可以确认自己所要讲的内容是否是准确的，但是在写作时，尤其是写作出版作品时，就没有这种余地了。你必须

实例演练的解释说明及参考答案

保证,在最后一刻所有的信息都是准确的。但是,已经出版的内容不可能更改了,除非再出版新的版本,而新版问世的过程是漫长的。信息必须准确——其价值取决于此。)

实例演练 5.9　标点符号

Businesspeople are more likely to take the train, it seems, if the total journey time is three hours or less. However, if it's longer than that, they will consider flying. It's a pity that train journeys are so often plagued by mobile phones, an ever-present menace, especially to those who would like a peaceful journey on which to read, use their laptops or, in extreme cases, go to sleep. At least nowadays there is the occasional quiet coach where it's possible to escape from the mobile and its noisy users.

(参考译文:商务人士更有可能乘坐火车,似乎是这样的,如果行程总时长差不多三个小时。但是如果时间更久,他们会考虑乘飞机。可惜的是,坐火车的行程常常受到手机的折磨,手机是一种无时无刻不在惹人讨厌的事物,尤其对于那些更喜欢安静的人。他们会在旅程中阅读、使用笔记本电脑工作,或者什么也不做只是睡觉。现在火车上有时会有无声车厢,在这些车厢里,你可以远离手机并摆脱吵闹的玩手机的人。)

  注:为使译文通畅,此处添加了部分标点。

实例演练 5.10 段落

  就像逗号一样,段落也不是精密的科学。下面给出了建议的版本,你可以把自己写出来的段落与这个版本做比较,也可以跟某位同事写出来的内容进行对比。我们给各个段落添加了标题,以使整体结构更加清晰。

亨伯大桥

背 景

  这座大桥横跨在由特伦特河和乌斯河的河口形成的亨伯河上。过去,这里只有一条行驶缓慢而又笨重的渡船将东约克郡和北林肯郡相连,渡船主要是供家庭日出游使用。这座大桥将之前距离遥远的两个区域连接了起来,提高了商业和工业发展的潜力。亨伯大桥于 1973 年动工,英国女王于 1981 年 7 月宣布大桥开通。

最初的决策

  选择在这里建造一座悬索桥是因为亨伯河的河床不断移动,航道也在不断变化,而河口不能被堵塞。这座单跨悬索桥长 2220 米。开通之时，它是世界上同类型的桥梁中最长的一座。现在它是世界上第八大单跨悬索桥。

桥梁设计

大桥的设计可以承受恒速运动，在每小时 80 英里（约 129 千米）的大风中弯曲可达 3 米。每座塔由两个高 155.5 米的中空垂直混凝土柱构成。这座桥的两座塔楼都是垂直的，但是由于地球曲率，两座塔楼在顶部的间距要比底部间距多出 36 毫米。

使用现状

桥上有双向车道，人行步道和自行车道位置较低。大桥限速每小时 50 英里（约 80 公里），过桥需付通行费。若从这座大桥通行，赫尔（约克郡）和格林姆斯比（林肯郡）之间的旅行距离将缩短 80 公里。为助力慈善，亨伯桥半马每年 6 月举行。参赛选手在比赛中必须通过大桥两次。

这就是工科写作

第六章

实例演练 6.1　检查

例子中故意制造了一些错误，下面这个版本用加粗字体把正确的用法标注了出来：

> Most industrial sheds in the **area** are strategically placed on the industrial estate well away **from**（once only）the town and towards the motorway. From the mid-1980s, further **development** also took place on the old railway sidings. The single-**storey** units are usually large and open-plan. Styles vary **from** brick units with large shutters and few windows to large **corrugated** or **plain** metal units with a skeletal frame and **no windows**. Maintenance is **low**, as is rent. Refurbishment is easy, and **many** units incorporate a mezzanine level. The local area is wide and flat and allows for easy **parking** and good delivery facilities.
>
> （参考译文：这个**区域**内的大多数工业厂房都战略性地位于**远离**城市的工业园区且朝着高速公路的方向。从20世纪80年代中期开始，它们在老铁路专用线也有了**发展**。这些建筑单位只有**一层**，通常是大型开放式的。它们的风格各有不同，从有大遮板少窗的砖砌风格到有钢骨构

架无窗的大型有**波纹**或**平面**的金属风格。维修很**便宜**，租金也是。翻新重装很简单，很多单位内含一个夹楼。占地面积大，地势平，便于**停车**和配送。）

附录2 英语中常见词性的定义

名 词（Nouns）

名词是人或事物的名称。名词有四种类型：

普通名词表示不同的事物、地点或人，例如"book"（书）、"computer"（电脑）、"river"（河）、"seaside"（海边）、"doctors"（医生）、"engineers"（工程师）、"sisters"（姐妹）；

专有名词表示特定的人、地点或行业，专有名词的首字母大写，例如"Daniel Sinclair"（丹尼尔·辛克莱）、"Bill Gates"（比尔·盖茨）、"London"（伦敦）、"New York"（纽约）、"Dr Jones"（琼斯医生）、"Professor Ramsden"（拉姆斯登教授）、"The Institute of Engineering and Technology"（工程技术学院）；

抽象名词表示概念或特性，例如"beauty"（美）、"skill"（技能）、"happiness"（幸福）、"courage"（勇敢）、"conscience"（良知）、

"negativity"（否定性）；

集合名词表示事物、动物或人的集合群体，例如"readers"（读者）、"writers"（作者）、"committee"（委员会）、"bunch"（大量）、"swarm"（大批）。

代 词

代词用来指代名词，避免尴尬的重复，如：

David helped Amanda with her work so that she could leave on time. She was very grateful to him.

大卫帮助阿曼达完成工作，这样她就可以按时下班了。她非常感激他。

如果我们不用代词，这句话就会是这样的："大卫帮助阿曼达完成工作，这样阿曼达就可以按时下班了。阿曼达非常感激大卫。"

使用代词指代某个人时，该代词具体指的是哪个人一定要非常明确。最尴尬的代词是"it"（它），如果句子以"it"开头，就要确保读者知道它指的是什么。

动 词

动词表示动作或存在的状态。每个完整的句子都含有一个动词。

- **行为动词**，比如"eats"（吃）、"laughs"（笑）、"computes"（计算）、"thinks"（想）。
- **系动词**，比如"am"（是）、"becomes"（成为）、"seems"（似乎）。
- 很多动词由多个单词构成，比如"**I am eating**"（我正在吃）、"you **are working**"（你在工作）、"the experiment **will be finished**"（实验将会完成）。
- **不定式**由"to"加动词原形构成，比如"to eat"（吃）、"to work"（工作）、"to solve"（解决）、"to decide"（决定）。

形容词与副词

- **形容词形容名词**，比如"quiet"（安静的）、"slow"（缓慢的）、"hard-working"（工作努力的）、"definitive"（决定性的）。
- **副词形容动词**，通常（但不总是）是由形容词后面加上"ly"组成。例如"quietly"（安静地）、"slowly"（缓慢地）、"surprisingly"（出人意料地）、"automatically"（无意识地）；但是要注意"fast"（迅速的/迅速地）这个词，它可以是一个形容词，表示"迅速的"，也可以是一个副词，表示"迅速地"。

连 词

连词连接各个单词、短语或从句。最常见的连词是"and"（和）以及"but"（但是），还有"when"（在……时候）、"because"（因为）、"or"（或）以及其他很多连词。连词是非常重要的"小词"，它们能改变一句话的意思，比如：

You could go on Monday **and** Wednesday.

你可以周一和周三去。

You could go on Monday **or** Wednesday.

你可以周一或周三去。

有些连词是成对使用的，比如"either... or"（要么……要么……）、"no sooner... than"（一……就……），一定要确保句子把连词引导的两部分内容都包含在内。很多人学过"逗号不能与'and'一起使用"，这是无稽之谈。为了使句子表意清晰，逗号和"and"（和）可能要同时使用，比如：

You could go on Monday and Wednesday and Friday next week.

你可以下周周一、周三和周五去。

这句话的意思是说"周一和周三以及下周周五"还是"周一以

附录 2　英语中常见词性的定义

及下周周三和周五"呢？使用逗号可以让句子的意思清楚明了。

介　词

介词与名词或代词连用，用于表示该名词或代词与句子中其他词语的关系。介词有"in"（在……里面）、"on"（在……上面）、"outside"（在……外面）、"near"（接近）；还有"with"（随着/顺着/由于/……），如"comply with"（表示"依从……"）；"to"（对于/向/等于/……），如"conform to"（表示"符合……"）；"upon"（关于/在……上/根据/……），如"prevail upon"（表示"说服"）。这些介词可能看上去几乎是相互对立的。对于英语是第二语言的人来说，学习掌握它们并不容易，比如，一位老师可能会这样要求不守规矩的学生，"sit **down** and sit **up**"（"坐下并端正坐好"，不是"坐下并坐起"），这完全是讲得通的。

在介词后面使用错误的人称代词是严重的错误，但是这种错误非常常见，比如：

Tom went to the meeting with Ewan and I.
汤姆和埃文还有我一起去参加了会议。

没有人会说"Tom went to the meeting with I"（这里"I"应该是"me"），再加上一个人也不能这样说，应该是：

Tom went to the meeting with Ewan and me.

汤姆和埃文还有我一起去参加了会议。

这才是正确的用法。